U0839551

热带作物产业经济问题研究

◎ 刘海清　侯媛媛　主编

中国农业科学技术出版社

图书在版编目（CIP）数据

热带作物产业经济问题研究／刘海清，侯媛媛主编．—北京：中国农业科学技术出版社，2017.10
ISBN 978-7-5116-3334-7

Ⅰ.①热…　Ⅱ.①刘…②侯…　Ⅲ.①热带作物-产业经济-研究-世界
Ⅳ.①F313.2

中国版本图书馆 CIP 数据核字（2017）第 267397 号

责任编辑　徐定娜
责任校对　贾海霞

出 版 者　中国农业科学技术出版社
北京市中关村南大街 12 号　邮编：100081
电　　话　(010)82109707(编辑室)　(010)82109702(发行部)
(010)82109709(读者服务部)
传　　真　(010)82106626
网　　址　http://www.castp.cn
经 销 者　各地新华书店
印 刷 者　北京富泰印刷有限责任公司
开　　本　710mm×1 000mm　1/16
印　　张　10.25
字　　数　149 千字
版　　次　2017 年 10 月第 1 版　2017 年 10 月第 1 次印刷
定　　价　36.00 元

《热带作物产业经济问题研究》

编写人员

主　　编： 刘海清　侯媛媛

副 主 编： 卢　琨　金　琰

参编人员：（参编人员按姓名拼音先后顺序排序）
侯媛媛　黄慧德　黄媛媛　金　琰
刘海清　卢　琨　王成丽　徐磊磊
张慧坚

前　言

我国热带地区土地面积大约为50万平方千米，主要种植有天然橡胶、木薯、甘蔗、热带水果（香蕉、芒果、菠萝、荔枝等）、热带香辛饮料（香草兰、胡椒、咖啡、可可）、热带牧草、热带花卉、热带油料（油棕、椰子）、热带药用（槟榔）、热带纤维（剑麻）等作物。发展热带作物60多年来，我国热带作物产业发展迅猛，规模和产量迅速增加，但是从整体水平来看，我国热带作物产业经营效率还较低，没有从根本上摆脱传统农业的低水平生产力现状。《中共中央国务院关于深入推进农业供给侧结构性改革 加快培育农业农村发展新动能的若干意见》（中发〔2017〕1号）明确提出：坚持新发展理念，紧紧围绕推进农业供给侧结构性改革这个工作主线，以优化供给、提质增效、农民增收为目标，以绿色发展为导向，以改革创新为动力，以结构调整为重点，着力培育新动能、打造新业态、扶持新主体、拓宽新渠道，加快推进农业转型升级，加快农业现代化建设，巩固发展农业农村经济好形势，以优异成绩迎接党的十九大胜利召开。深入推进农业供给侧结构性改革，坚持走可持续发展的道路是党中央纵观全局，针对我国农业农村发展的新形势而做出的战略决策，也为我国热带作物产业的发展指明了方向。

我国热带作物产业是在老少边穷地区发展起来的，虽然取得了一定的成绩，但是对于我国热带作物产业发展现状、各区域热带作物产业发展水平、未来发展形势、产业发展所需支撑政策等方面还存在模糊不清的认识，势必影响我国热带作物产业做大做强。本书围绕这四个方面，组织本单位从事热带作物产业发展研究的专家、学者进行了详细的研究。在老少边穷地区，热带作物产业是农业农村经济增长的最重要源泉，科技进步是推动热带作物产业发展的最重要因素，因此未来我国热带作物产业的发展必须依据科学合理的原则做出正确的决策，一是要转变发展方式，由粗放型转向集约型；二是要大力培育新型农业经营主体和服务主体；三是要积极推动热带作物产业科学技术进步；四是要创新体制机制，推动热带作物产业“走出去”。

本书由刘海清、侯媛媛组织编写，具体作物编写人员如下：菠萝（金琰）、芒果（徐磊磊）、槟榔（黄慧德）、天然橡胶（刘海清、黄慧德）、棕榈油（王成丽）、香蕉（张慧坚）、荔枝（侯媛媛）、椰子（卢琨）、咖啡（刘海清）、甘蔗（黄媛媛）。本书由中国热带农业科学院基本科研业务费项目（项目编号：1251630072016003、1630072017006）资助出版完成。本书编写过程中，得到了众多科研单位和相关专家、学者的支持，在此表示感谢！除所列参考文献外，还有其他参考文献未一一列出，谨向有关作者表示歉意。中国热带作物产业经济问题研究内容十分丰富，而我们的研究刚刚起步，还存在不少欠缺，研究内容还需要进一步细化，因此未来中国热带作物产业经济问题还有很多需要我们进行深入研究，由于时间紧、科研任务重，加上笔者的研究和写作水平有限，本书难免会存在一些遗漏和欠缺，恳请同行专家和学者批评指正，旨在加快中国热带作物产业发展。

编　者

2017 年 3 月

目　　录

中国热带作物产业形势分析报告

1 世界热带作物产业发展概况

1.1 生产情况

根据FAO统计，2014年世界热带作物收获面积达到22.33亿亩，产量29.45亿吨。世界热带作物种类众多，产业发展存在一定的差异性。

2016年全球橡胶种植面积为1 440.8万公顷，同比增长仅0.40%，其中天然橡胶生产联合会（ANRPC）成员国种植面积为1 205.8万公顷，增长0.35%。菲律宾和柬埔寨的种植面积增长速度明显快于其他国家，增速分别为5.3%、2.9%。2016年全球收获面积约为1 061万公顷，比上年增加21万公顷。其中ANRPC成员国收获面积共896.1万公顷，比2015年增加24万公顷，开割率为74.3%。棕榈油产量2015—2016年度为58.84百万吨，比大豆油多704万吨。2016年世界荔枝的总产量大约为340万吨，其中中国荔枝产量占到世界的65%。2016年全球香蕉收获面积为988.89万公顷，同比增加0.79%；总产量1.45亿吨，同比增长3.57%。2016年世界甘蔗收获面积2 753.61万公顷，同比增加32.3%，总产量18.9亿吨。2016年全球椰子收获面积为1 193.98万公顷，总产量6 051.18吨。咖啡种植和出口主要分布在热带、亚热带地区的发展中国家，而进口、深加工和消费主要集中在欧美等发达国家。2016—2017年，世界咖啡产量939.82万吨，同比增长2.4%。巴西是世界咖啡豆最大生产国，产量占世界咖啡豆产量的30%左右。全球约有80个国家和地区生产芒果，2016年收获面积为564万公顷，同比增长

1.96%，年产量为 4 520 万吨，同比增长 2.96%。2016 年世界槟榔产量约 130 万吨，印度是世界上槟榔种植面积最大、产量最高的国家，其产量约占世界槟榔总产量的一半。

1.2 市场情况

根据 IRSG 统计，近年来世界天然橡胶市场贸易总额呈现连续下降趋势，2016 年全球天然橡胶出口量为 987 万吨，与上年基本持平。ANRPC 成员国出口天然橡胶 898.9 万吨，比上年减少 2.1 万吨。泰国、印度尼西亚、越南、马来西亚的出口量分别为 387.3、252.8、118.6、107.7 万吨，占 ANRPC 出口总量的 96.4%。

2015—2016 年度全球棕榈油出口 91%来自印度尼西亚和马来西亚，其中印度尼西亚出口 2 300 万吨，占全球出口量的 53%，占其本国当年产量的 71.89%；马来西亚出口 1 662.1 万吨，占全球出口量的 38%，占其本国当年产量的 93.9%。2015—2016 年度全球棕榈油进口总量为 4 283.4 万吨。

主要热带水果世界贸易量保持较好增长，荔枝、芒果、香蕉等贸易量增长较快。其中，芒果加工品贸易主要是芒果汁、芒果肉等产品，市场份额较小，其他芒果产品还有芒果干、果酱、芒果罐头、糖浆等。泰国是世界芒果肉出口大国，芒果汁出口大国为埃及，芒果罐头最大出口国是墨西哥。芒果肉和芒果汁的进出口贸易主要在亚洲进行。2015 年，世界芒果平均生产成本为 981.04 美元/吨，其中大洋洲芒果平均生产成本最高为 1 542.3 美元/吨，亚洲为 1 241.26 美元/吨，美洲和非洲芒果平均生产成本分别为 901.8 美元/吨、534 美元/吨。

1.3 消费情况

近十年来，全球热带农产品供需基本保持平衡，2016 年消费量约为 32.1 亿吨。不同作物间的消费情况变化存在一定的差异。根据 IRSG 统计，天然橡胶受全球经济疲软影响，消费增量变缓，天然橡胶 2016 年世界消费量达 1 249 万吨，同比增长 2.6%。2016 年国际市场 SMR20 年平均价格为 1 374 美元/吨，比 2015 年增长 0.8%；RSS3 年平均价格为 1 647 美元/吨，比 2015 年增长 3.6%。2015—2016 年度棕榈油全球消费总量 6 005万吨，比 2014—2015 年度提高

3%，其中食用消费 4 243 万吨，占全球总消费量 71%，比 2014—2015 年度比重下降 2%，工业消费 1 686 万吨，占比提高 4%。2016 年，全球咖啡消费量保持稳定增长，达到 1. 56 亿袋，亚洲国家消费增长最快，年均复合增长率 4. 5%。全球香蕉消费量保持缓慢增长，以鲜果消费为主，其中俄罗斯、中国、巴西等新兴国家对香蕉的需求量在迅速增长。荔枝、龙眼消费以本地市场为主，消费主要集中在亚洲国家，国际贸易量很小，消费量相对较稳定。

2 中国热带作物产业发展情况

中国的热带、南亚热带地区主要包括海南全省、广东、广西壮族自治区（下称广西）、云南、福建、贵州、湖南、四川的部分地区，总面积约 50 万平方千米，占国土面积的 5%左右；主要栽培天然橡胶、木薯、热带水果、香辛饮料、南药等。

2.1 生产情况

中国现在已经成为世界主要热带农产品生产大国。据农业部发展南亚热带作物办公室统计，2016 年，全国的热带作物种植面积 14 631. 93 万亩。其中天然橡胶 1 766. 63 万亩，木薯 501. 71 万亩，香蕉 611. 98 万亩、荔枝 813. 15 万亩、龙眼 564. 98 万亩、芒果 344. 70 万亩、菠萝 92. 72 万亩、椰子 51. 75 万亩、咖啡 176. 59 万亩。

全国热带作物总产量 20 180. 29 万吨，同比减少 1. 68%。其中，天然橡胶 81. 59 万吨、木薯 261. 41 万吨、香蕉 1 299. 70 万吨、荔枝 229. 70 万吨、芒果 189. 14 万吨、菠萝 158. 21 万吨、椰子 22 229. 77 万个、咖啡 15. 87 万吨。

全国热带作物总产值 3 522. 47 亿元，同比增长 5. 09%。其中，天然橡胶 92. 60 亿元、木薯 40. 70 亿元、香蕉 312. 12 亿元、荔枝 157. 29 亿元、芒果 109. 57 亿元、菠萝 44. 45 亿元、椰子 4. 01 亿元、咖啡 25. 96 亿元。

2.2 市场情况

2016 年，主要热带农产品的市场波动较大，2016 年年初，橡胶市场持续低迷，干胶收购价格曾跌破了 9 000 元/吨的价格；9 月开始，天然橡胶价格开始呈震荡上扬态势，至 2016 年年底行情持续反弹；截至 12 月 12 日，天然橡胶期货价格一度逼近 2 万元/吨，创近 3 年以来新高。中国香蕉商品率较高，有 90%以上均可上市销售，主要以鲜果进行消费。香蕉主要消费市场分布在全国各地，但以东北、华北、江南一带的售价为高。受 2016 年年初超级寒潮和年底暖冬的影响，中国香蕉的交易高峰期从 2015 年的 3—5 月推迟到了 11—12 月，而香蕉综合平均价格较 2015 年大幅上涨。2016 年荔枝销售状况较 2015 年价格较好，由于荔枝产量比 2015 年有所下降，荔枝价格一开市就处于高位，平均价格为每千克 8. 5 元左右。芒果全国农产品批发市场均价为 11. 04 元/千克，同比略微下降。

2. 3 贸易情况

据海关信息网统计，2016 年，中国热带农产品贸易量 1 003. 69 万吨，进出口均有较大幅度下降。全年进口总量为 977. 89 万吨，同比下降 57. 14%。其中，天然橡胶 250. 12 万吨，较 2015 年减少 8. 59%。复合胶进口量 15. 94 万吨，同比下降 84. 23%；混合胶进口量 181. 80 万吨，同比增加 2. 39 倍。木薯进口 977. 73 万吨、棕榈油进口 503. 06 万吨、香蕉进口 88. 72 万吨、菠萝进口 10. 19 万吨、咖啡进口 13. 17 万吨。出口总量为 25. 80 万吨，同比减少 76. 87%。其中，天然橡胶 1. 47 万吨、香蕉 0. 83 万吨、木薯 0. 08 万吨、荔枝 0. 89 万吨、咖啡 14. 86 万吨。从贸易额看，2016 年中国热带农产品贸易额 123. 52 亿美元，其中进口额 111. 39 亿美元，出口额 12. 13 亿美元，贸易逆差 99. 26 亿美元。

3 中国热带作物产业 2017 年预测

按照天然橡胶 7 年生长周期测算，2017 年天然橡胶产量大约为 90 万吨，比 2016 年的天然橡胶胶产量略有增加。2017 年泰国烟片胶年平均价预测将达到 1631 美元/吨，较 2016 年上涨 11. 3%。预期 2017 年沪胶活跃合约年平均价为 18 300 元/吨，较 2016 年上涨 10. 9%。自 2016 年 8 月起，国际市场棕榈油价格呈上涨趋势，随着东南亚主产区棕榈油产量恢复和9—10月生产高峰期的到来，预计国际市场棕榈油价格在2017年年初维持短暂高位运行后，将会震荡下降，但不会大幅下跌。中国棕榈油进口完全来自国际市场，印度尼西亚、泰国、马来西亚是中国的主要进口来源国。受全球增产的影响，预计2017年中国棕榈油进口价格会比2016年略有上涨。受2016年香蕉市场价格回暖影响，2017年中国香蕉种植面积、产量将回升，进出口贸易量也将维持增长。菠萝产业2017年将继续稳定发展，进出口贸易仍将维持增长。芒果收获面积2017年会增加25万亩左右，市场价格要比2016年呈明显上升态势。

4　中国热带作物产业发展特点及对策

4.1　中国热带作物产业发展特点

目前，中国热带作物产业发展的整体情况较好，总体看来，热带作物产业发展呈现的特点主要有几个方面。

首先，热带作物产业规模进一步扩大，但受国际市场影响程度进一步加深。热带作物产业较中国其他的农业相比，开放程度更深，受国际市场的影响更大。尤其是在中国——东盟自由贸易区全面启动后，我国热带农产品的进口压力增加，国内市场价格受国际市场价格影响更加明显。

其次，热带农产品国内消费市场逐年扩大。中国的人口基数较大，农产品消费量位居世界前列，热带农产品也一样，消费量占到全球市场很大份额。中国作为世界天然橡胶、棕榈油、荔枝、龙眼等消费品的第一大消费国，绝大多数的热带农产品用于满足国内市场的需求，很多还需要依赖大量进口，以此来满足巨大的国内市场需求份额。因此，中国热带作物产业具有很大的发展空间，做大做强中国热带作物产业，能够丰富中国国内市场需求、提高人民生活水平。

最后，热带农产品产业链条逐渐拓展。中国的热带农产品具有很广泛的加工用途，主要用于日用化工、造纸、纺织、医药、印刷、机械、食品等行业。今后，中国的热带作物产业与工业、农业、服务业、流通业之间的产业关联度将进一步加深，发展重点向科技研发、精深加工、仓储物流、品牌营销等产业链高端环节转移，一、二、三产业融合发展。

4.2 中国热带作物产业发展对策

首先要推进热带作物产区标准化示范转型升级，建立健全热带作物产前、产中、产后各个环节的标准体系。继续推进热带作物标准化生产示范园建设，以示范园为平台，加强热带作物生产关键技术现场培训，加强热带作物标准化生产技术推广应用，加强对示范园产品质量安全监测，将标准化贯穿于生产全过程。

其次要整合热带作物资源，构建产学研紧密衔接的科技创新体系。加强热带作物产业基础研究，重点推进关键领域的联合攻关研究。落实好现有的产业扶持政策。组织实施好南亚热带作物技术推广、热带作物病虫害防控、种质资源保护等相关项目，积极谋划新的产业扶持政策。

在热带作物产业经营管理方面，要引导热带作物产区土地承包经营权依法自愿流转，促进热带作物适度规模经营，培育新型热带作物经营主体，推进家庭经营、集体经营、合作经营、企业经营等热带作物经营方式共同发展。加强热带作物公益性服务组织体系建设，创建完善公益性服务方式和机制。鼓励经营性服务组织开展形式多样的社会化服务。依托热带作物产区资源和经营基础，拓展热带作物产业链，大力发展二、三产业，实现热带作物产区一、二、三产业的有效融合。

最后要注意加强热带作物产业科技领军人物和技术推广应用人才的培养。打造高端热带作物人才队伍。加强热带作物生产经营型人才、技术服务型人才和新型职业农民的培养，加强热带作物企业的现代化、国际化经营和管理人才的培养，实现中国热带作物产区从传统生产向现代化生产的转变。

菠萝产业发展情况及形势预测

菠萝是世界第三大热带水果，国际贸易非常活跃，全球有 80 多个国家或地区生产菠萝，但 98%产自亚洲、美洲和非洲。中国菠萝收获面积世界排名第 4 位，产量世界排名第 8 位，是菠萝生产与消费大国，但不是菠萝产业贸易强国。近年来，中国菠萝产量逐步增加、进口量持续高涨、出口量逐渐下降，同时偶尔发生国内主产区滞销的现象。开展中国菠萝产业经济问题研究，对于准确把握中国菠萝产业的发展趋势、提升中国菠萝产业的经济效益、促进农民增收具有重要意义。

1　世界菠萝产业发展基本情况

1.1　国际情况

1.1.1　生产情况

2014 年，世界菠萝种植面积为 102.23 万公顷，同比下降 0.21%；产量 2 543.94 万吨，同比增长 2.64%；单位面积产量 24.88 吨/公顷，同比增长 2.85%。其中亚洲种植面积最大，为 41.48 万公顷，占世界总种植面积的 40.58%；非洲种植面积 35.46 万公顷，占世界总种植面积的 34.69%；美洲种植面积 24.89 万公顷，占世界总种植面积的 24.35%；大洋洲种植面积 0.39 万公顷，占世界总种植面积的 0.38%；欧洲种植面积 0.006 万公顷，占世界总种植面积的 0.005%。美洲单位面积产量最高，为 38.72 吨/公顷；大洋洲其次，为 32.89 吨/公顷；亚洲 26.91 吨/公顷；欧洲 19.09 吨/公顷；非洲 12.99 吨/公顷。亚洲总产量 1 116.53 万吨，占世界总产量的 43.89%；美洲总产量 953.90 万吨，占世界总产量的 37.50%；非洲总产量 460.59 万吨，占世界总产量的

18.11%；大洋洲总产量12.80万吨，占世界总产量的0.5%；欧洲总产量0.11万吨，占世界总产量的0.004%，2014年世界菠萝生产及分布情况见图1-1。

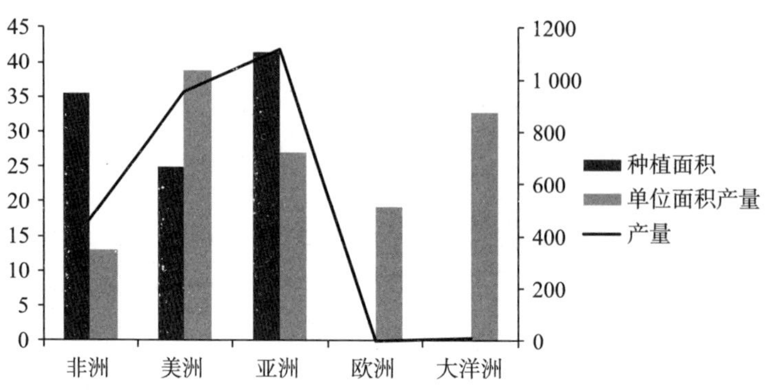

图1-1 2014年世界菠萝生产及分布情况

数据来源：FAOSTAT。

菠萝产量前十位国家分别为哥斯达黎加，291.56万吨；巴西，264.62万吨；菲律宾，250.71万吨；泰国，191.48万吨；印度尼西亚，183.55万吨；印度，173.67万吨；尼日利亚，146.48万吨；中国，143.27万吨；墨西哥，81.75万吨；加纳，66.15万吨，这10国产量占世界总产量的70.49%。

1.1.2 市场情况

鲜菠萝、菠萝罐头及菠萝汁是菠萝产业国际贸易的三种主要形式。据FAO统计，2013年世界鲜菠萝进口量为298.49万吨，同比增长1.54%；进口值为23.95亿美元，同比增长8.37%；出口量为341.06万吨，同比增长1.29%；出口值17.68亿美元，同比增长4.06%。菠萝罐头进口量为110.63万吨，同比增长1.89%；进口值为12.07亿美元，同比增长3.25%；出口量为110.35万吨，同比下降0.68%；出口值10.70亿美元，同比下降2.1%。菠萝汁（包括浓缩菠萝汁）进口量为82.31万吨，同比增长4.16%；进口值为7.20亿美元，同比下降4.89%；出口量为74.69万吨，同比增长8.18%；出口值6.85亿美元，同比下降4.46%，2013年世界菠萝贸易情况见图1-2。

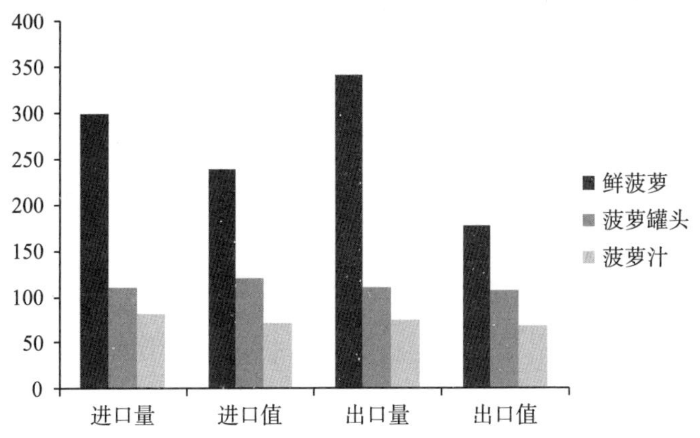

图 1-2　2013 年世界菠萝贸易情况（万吨、千万美元）

1.1.3　科技进展

世界菠萝产业的科研进展仍然关注在菠萝叶纤维提取及病虫害防控技术上，将菠萝叶等农业废弃物加以开发利用，将其转化为增值产品，用于工业纺织品、医用纺织品、服装纺织品、纸浆和造纸、生物肥料。最近，菠萝基因组被完全测序，总共预测了 27 024 个蛋白质编码基因。在马来西亚半岛的几个州检测到菠萝果实和叶子的镰孢菌症状。部分翻译延伸因子-1α（TEF）和 β-微管蛋白序列分离并鉴定 8 个镰孢分离物。Koch 的假设在菠萝果实和叶子上，证实 F. fujikuroi 分离株的致病性。菠萝的遗传基因改进提供了在不使用杀虫剂的情况下增加真菌抗性的潜力。通过 MALDI-TOF MS 技术诊断菠萝镰孢菌病有了新的进展。

1.1.4　产业特点

世界菠萝产业的发展具有以下显著特征。

（1）生产与消费不对称，生产主要集中在亚洲、拉丁美洲和非洲的发展中国家，而消费主要集中在美国、欧盟、日本等发达国家和地区。

（2）世界菠萝收获面积、产量逐年增加，增长幅度相对较大，单位面积产量也呈现增加的趋势，但是增长幅度相对缓慢。

（3）哥斯达黎加、巴西、菲律宾、泰国、印度尼西亚、中国、印度一直是世界菠萝生产大国，这 7 个国家的菠萝产量占世界总产量的 60% 以上，特别是哥斯达黎加在世界菠萝生产中具有绝对优势。

（4）哥斯达黎加、菲律宾、泰国是菠萝产品的主要出口国，美国、日本、欧盟国家是菠萝产品的主要进口国，哥斯达黎加鲜/干菠萝、菠萝汁的出口量均占世界出口量的50%以上，浓缩菠萝汁的出口量占世界出口量的30%以上，而美国各类产品进口量均占世界进口量的30%以上。

（5）菠萝的消费仍会以鲜销为主，未来由于品种结构的调整，加工量将会逐步增大，菠萝罐头、菠萝汁等产品附加值大大高于鲜/干菠萝的价值，菠萝罐头、菠萝汁能够长时间保留菠萝特有的香味，保质期相对鲜/干菠萝要长，发达国家对菠萝罐头、菠萝汁的进口需求将会显著增长。因此，菠萝的深加工在未来将会有大幅度增加。

1.2 国内情况

1.2.1 生产情况

据菠萝主产区各省统计，2016 年全国实有面积 92.72 万亩，较 2015 年增加 2.57%；总产量 158.21 万吨，较 2015 年增长 5.79%；单位面积产量为 2 051.61 千克/亩，较 2015 年增长了 10.56%；总产值 444 499.26 万元，较 2015 年增加 5.66%，中国 2009—2016 年菠萝主产区产量见图 1-3。

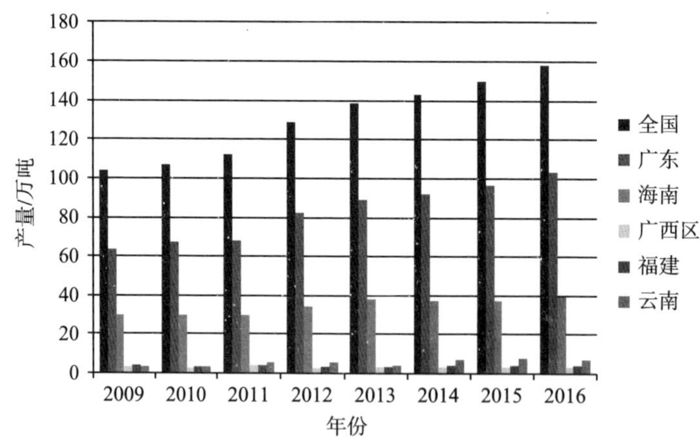

图 1-3 中国 2009—2016 年菠萝主产区产量

从图 1-3 可以看出，广东菠萝国内总产量一直遥遥领先，且近几年来均在稳定增长。其次为海南，2010—2013 年海南菠萝产量一直增长，但 2014 年略有缩减，2015 年开始回升。近几年，云南菠萝产业发展较快，在橡胶幼林下间种菠萝是云南菠萝产业发展的良好经验之一。福建菠萝年产量基本稳定。广西菠萝产量略有增长。

1.2.2 国际贸易情况

2016 年 1—12 月，中国内地鲜/干菠萝总进口量为 10.19 万吨，进口值为 10 942.24 万美元，分别较 2015 年同期增长 20.73%和 13.38%，主要贸易国家为菲律宾，地区为中国台湾；出口量为 0.32 万吨，较 2015 年增长 77.78%，出口值为 405.79 万美元，较 2015 年增长 66.57%，主要贸易国家为俄罗斯、美国，地区为中国香港。菠萝罐头总进口量为 1.2 万吨，进口值为 1 452.74 万美元，较 2015 年同期下降 7.69%和 4.01%，主要贸易对象为菲律宾、泰国和印度尼西亚；出口量为 2.55 万吨，出口值为 2 680.88 万美元，较 2015 年分别增长 28.79%和 35.49%，主要贸易对象为美国、英国和阿联酋。浓缩菠萝汁总进口量为 0.35 万吨，进口值为 247.98 万美元，分别较 2015 年同期增长 29.63%和 28.79%，主要贸易对象为塞浦路斯和泰国；出口量为 3 638 千克，出口值为 4 027 美元，分别较 2015 年下降 5.75%和增长 40.66%，主要贸易对象为阿联酋，较 2015 年新增贸易对象中国香港和意大利。其他菠萝汁总进口量为 0.06 万吨，进口值为 110.82 万美元，分别较 2015 年同期下降 6.18%和 16.86%，主要贸易对象为泰国、哥斯达黎加和以色列；出口量为 0.82 万吨，出口值为 1 568.43 万美元，分别较 2015 年下降 19.61%和 4.23%，主要贸易对象为荷兰和美国。

1.2.3 市场价格

中国菠萝种植的商品率比较高，大约有 90%以上都可以上市销售。而其中 90%以上的果品被作为鲜果消费。国内市场对菠萝罐头和菠萝汁的消费较少。菠萝大果（1.5 千克以上）首先供给东北、华北市场，售价较高。菠萝中果（1~1.5 千克）首先供给华南市场，菠萝小果（0.5 千克以下）不作为商品果出售，中国 2016 年主要批发市场菠萝产销情况见图 1-4。

从图 1-4 可以看出，2016 年中国菠萝仍在 3—5 月集中上市，同时菠萝的销售价格较低。而 10 月的菠萝价格最高，但菠萝的市场交易量最少。但与往年相比，集中上市的坡度略缓，菠萝产业品种、上市时间出现良好的调整。

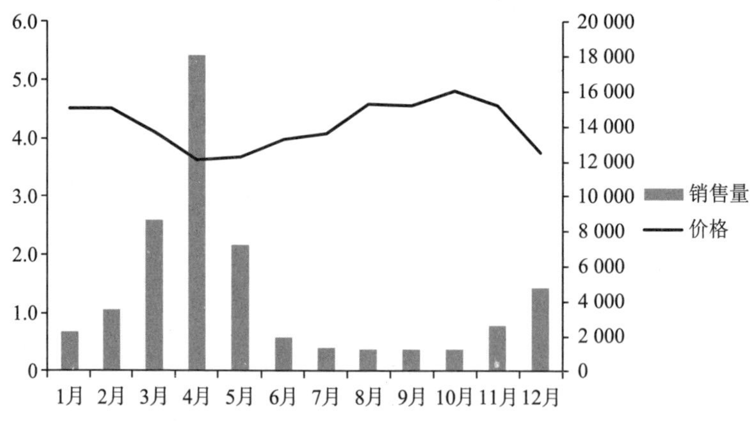

图 1-4　中国 2016 年主要批发市场菠萝产销情况

1.2.4　科技进展

在菠萝采后保鲜研究方面，以巴厘菠萝为研究对象发现，1-MCP 处理采后可以有效延缓菠萝在贮藏期间的衰老进程（张鲁斌，2016）。乙烯利诱导菠萝成花过程中，存在着生长素极性运输，且生长素极性输出在此过程中的作用可能更重要（李运合，2016）。

在产业经济研究方面，刘海清利用农产品国际竞争力研究的相关理论，采用定性分析与定量分析相结合的方法，对世界和中国菠萝的生产、消费和贸易进行了全面的分析，分析了中国菠萝产业国际竞争力的影响因素，构建了中国菠萝产业国际竞争力评价指标体系，并应用实证分析法和比较分析法对中国与世界其他主产国菠萝产业国际竞争力进行了分析和比较，最后提出了提升中国菠萝产业国际竞争力的对策措施；赵云龙运用 CensusX12 季节调整模型和 HP 滤波分解模型，针对具有代表性的菠萝销地批发市场和产地批发市场研究得出，未剔除通货膨胀因素和季节性因素时，菠萝批发价格波动的幅度很大，稳定性差；运用 HP 滤波法将趋势循环序列分解，得出菠萝价格拥有长期稳步上涨的趋势，但上涨的势头正在减弱，对短周期循环序列进行分析，得出菠萝市场的风险性高，稳定性差；刘海清等通过实地调研，对比海南省菠萝种植的两种主要组织模式，分析了不同模式对海南省菠萝生产成本收益的影响，并提出了提升海南省菠萝产业发展的相关建议；刘海清等提出中国要实现菠萝产业链的优化整合需着重以下方面：在国内国际市场上拥有自己的名优品牌、利用产业聚集优势加大科研及农技推广力度、构建良好的产业链秩序，最后从优化产品结构、利用绿箱政策、发展产业化经营、明确市场定位等方面提出提升中国菠萝产品出口的对策建议。

在菠萝废弃物利用研究方面，魏晓奕等采用乳化剪切和相转化法在优化条件下制得的纤维素膜具有良好的力学性能和微观结构，为研发新型可降解膜材料开辟了新途径；王修启等对菠萝蛋白酶在饲料上的研究进展进行了分析，并对前景进行了展望；郭飞燕等以丙酮为溶剂，得出料液比 0.120 0 ∶25 （g/m），在温度 50℃、提取时间 90min、超声功率 144W 的条件下菠萝叶中防晒成分提取效果较佳，温度和光照对提取液的防晒活性没有明显的影响，菠萝叶中含有较强的紫外线吸收成分，是具有广谱防晒作用的植物；王娟等研究考察了超临界二氧化碳萃取菠萝皮多酚的工艺，验证了超临界二氧化碳萃取方法高效、节能的优势，这为菠萝皮多酚的产业化提供了有力的理论和工艺基础。

在菠萝种植研究方面，刘传和等得出地膜/网纱覆盖促进了冬季菠萝植株及果实的生长，对果实品质无显著影响，但网纱覆盖对菠萝果实色泽、香气物质有一定的影响；刘亚男等通过对卡因、金菠萝、台农 21 号和台农 17 号等 4 个品种菠萝植株生长态势、养分累积量和果实产量、口感风味、营养品质等指标进行综合评定分析，研究滴灌施肥条件下，不同品种菠萝的产量品质效应；吴伟斌等研制了一款可调地隙采摘式菠萝运输车，并基于实地调研资料，设计了新式的车架与车厢结构，使运输车适应于菠萝种植业作业需求。

1.2.5 产业特点

中国菠萝产业具有以下特点。

（1）主要生产区域稳定。广东省、海南省是中国菠萝重要生产省区，两省实有面积占全国菠萝实有面积的 80%以上，产量占全国产量的 90%，特别是广东省的实有面积产量均占全国的 60%以上，在中国菠萝生产中具有绝对优势。

（2）国际贸易活跃。中国菠萝的国际贸易非常活跃，随着菠萝的生产量和消费量的增加，中国鲜/干菠萝、菠萝罐头的进口量大幅度增加，菠萝汁也不同程度的增加，而出口量却呈现减少趋势；进口的口岸主要集中在上海、厦门、天津、广州、深圳、大连等沿海口岸，出口的口岸主要集中在满洲里、哈尔滨、乌鲁木齐、厦门等口岸。

（3）经济效益良好。近年来，随着规模化、组织化程度的不断提高，市场的不断开拓，产业链的不断延伸，在劳动力不断上涨的背景下，菠萝经济效益相对稳定，年亩产值约 6 000 元，亩均利润约 3 000 元，是热带作物产区农民增收的主要来源。同时建成了丰收、果香园等一批国家级和省级产业化龙头企业，培育了“三叶”“伊齐爽”和“ESWONG”等一批知名品牌，菠萝加工制品出口稳定。

2 中国菠萝产业分区域发展情况分析

2.1 各主产区菠萝生产情况

2016 年，海南省实有面积 23.85 万亩，较 2015 年增长 4.67%，总产量 39.80 万吨，较 2015 年增长 6.23%，单位面积产量 2 142 千克/亩，与 2015 年持平，产值 103 480 万元，较 2015 年减少 1.35%；广东省实有面积为 52.80 万亩，较 2015 年增加 4.37%，总产量 103.40 万吨，较 2015 年增长 6.75%，单位面积产量 2 186.65 千克/亩，较 2015 年增长 14.21%，产值 308 370 万元，较 2015 年增长 13.70%；广西区实有面积为 3.60 万亩，较 2015 年下降 13.46%，总产量 3.40 万吨，较 2015 年下降 0.87%，单位面积产量 958.02 千克/亩，较 2015 年增长 10.33%，产值 4 121 万元，较 2015 年下降 25.18%；福建省实有面积为 4.50 万亩，较 2015 年下降 1.27%，总产量 4.30 万吨，较 2015 年增长 5.52%，单位面积产量 1 247.90 千克/亩，较 2015 年增长 8.27%，产值 9 815.94 万元，较 2015 年减少 3.64%；云南省实有面积为 7.95 万亩，较 2015 年减少 4.10%，总产量 7.30 万吨，较 2015 年减少 5.32%，单位面积产量 1 738.10 千克/亩，较 2015 年增加 13.17%，产值 18 712.32 万元，较 2015 年减少 35.24%。

2.2 各主产区菠萝产业发展动态

2.2.1 海南产区菠萝产业发展动态

海南是中国菠萝的传统优势种植区，主销东北、华北市场，2016 年较 2015 年相比市场销售价格有所提升，且越来越多的种植户及合作社开始利用电子商务平台销售菠萝，“互联网+菠萝销售”似乎成为未来菠萝产业发展的一个趋势。但海南菠萝的加工、运输保鲜仍发展较弱，缺乏大型加工、运销企业。销往国内、国际市场的产品仍以菠萝鲜果为主。海南菠萝的主栽品种仍是巴厘，但金菠萝、甜蜜蜜等品种正逐渐被种植户所接受，种植面积不断增长。不同的菠萝品种可在一定程度上调节菠萝上市时间，减缓集中上市的冲击。海南临高县利用海南省农业银行提供的 1 千万元贴息贷款种植菠萝，替代甘蔗产业，致力于产业精准扶贫。

2.2.2 广东产区菠萝产业发展动态

广东徐闻县是全国著名的“菠萝的海”，2016 年由于自然灾害影响，菠萝的销售市场受到很大冲击，种植户利益受损严重。菠萝收购价格一路下降，暴跌至 0.24 元/千克仍无收购商收购。多个电商平台介入惠农促销，却因采摘、运输、服务方案等不成熟，而遭遇破产风险。广东菠萝种植区域仍相对集中，金菠萝等新品种种植优势逐渐呈现。但金菠萝种苗自身繁殖系数较低且价格较高，新品种普及受到一定制约。而且广东大型菠萝加工企业仍较少，多处于初级阶段，难以发挥品牌优势。2016 年菠萝产业进入广东省优稀水果产业技术体系，菠萝产业研究经费得到保障。同时广东省 2016 年首次向伊朗出口 426 吨货值 21 076.86 美元的菠萝。

2.2.3 广西产区菠萝产业发展动态

广西的菠萝种植曾位于中国第二位，但其后逐渐衰落。从广西水果生产技术指导总站的数据来看，近几年来广西的菠萝种植面积及种植产量比较稳定，略有增长。主要栽培品种是巴厘种，品种结构相对单一。广西又位于热带边缘，菠萝种植极易受到寒害影响。但广西的菠萝加工企业相对较多，每年生产出口大量的菠萝罐头及菠萝汁。广西由于地缘优势，是中国最大的热带水果进出口通道，但近年来热带水果贸易逆差逐年加大。与广西相邻的东南亚国家菲律宾、泰国等都是菠萝国际贸易优势区，是中国主要的进口贸易对象国。广西菠萝加工企业在原材料短缺的时候，不得不从其他菠萝主产区海南、广东调入。

2.2.4 云南产区菠萝产业发展动态

云南的菠萝种植区域相对集中，红河、景洪、文山等地的菠萝种植占整个云南的90%以上。与其他区域不同，云南景洪的主栽品种是无刺卡因，但品种质量逐渐退化。云南菠萝种植的规模相比海南、广东略小，缺乏大的种植户，产量也相对较低。但云南菠萝种植为高原农业及橡胶林下经济的开发提供了一个有效的途径。而近几年来，云南越来越重视菠萝产业的技术扶持，严抓种植规格、种产时机及田间管理。政府与阿里巴巴签订战略合作框架协议，将特产小菠萝在淘宝网上销售，因质量上乘受到消费者的好评，云南菠萝产业大有快速发展的趋势。

2.2.5 福建产区菠萝产业发展动态

福建的闽南区是中国传统菠萝主要产区之一，台湾的菠萝种植技术对福建的菠萝种植历程具有深远的影响。福建菠萝多在每年的 4 月之后成熟上市，2016 年的菠萝价格略高于往年，龙海市程溪镇素有“菠萝之乡”的美称，已将“程溪菠萝”注册了商标，并通过了无公害产品的认证。2016 年 11 月福建农林大学首次破译了菠萝基因组，完成菠萝产业发展的关键性突破，处于国际领先水平。

3 中国菠萝产业 2017 年形势预测

2017 年中国菠萝产业将继续稳定发展，进出口贸易仍将维持增长，其进口对象国主要是菲律宾，出口对象国主要是俄罗斯。据预测，中国鲜/干菠萝的总进口量将继续增加。由于国内菠萝种植仍以巴厘种为主栽品种，故中国菠萝鲜果销售上市仍将在 2017 年 3—5 月，2017 年为拉尼娜现象年，据天气预报预测 2017 年春节期间中国整体气候寒冷，惟恐对菠萝产业造成影响。

4 中国菠萝产业发展制约因素及对策

4.1 面临的形势及存在的主要问题

4.1.1 品种结构单一

菠萝的主栽品种单一，一直是影响中国菠萝产业发展的主要制约因素。虽然从近几年的发展可以看出，中国菠萝产业的育种及新品种推广有了一定的成效。但中国目前的主要栽培品种仍然是皇后巴厘种。这种品种深受种植户及经销商的喜欢，原因是巴厘种菠萝耐储运，长途运输及销售不易变质。香水菠萝的收获时间不统一，采摘花费的工时较多，小规模的种植户比较愿意接受。而一些种植卡因菠萝区域也在由于长期的无性繁殖而品质逐渐退化。现在普遍受欢迎的金钻及甜蜜蜜品种的种苗较贵，大规模推广存在一定制约。

4.1.2 品牌效益未体现

虽然广东有“愚公楼菠萝”、福建有“程溪菠萝”，但中国菠萝产业的品牌效益普遍较低，品牌的美誉度及知名度相对较弱。海南作为菠萝的主产区，也拥有自己的品牌，但是品牌的类型比较复杂。中国菠萝产业品牌意识不强的重要原因就是在生产环节上种植户对菠萝品牌没有足够的认识，不认为创建品牌可以提升自己的收益。而打造自己的菠萝品牌就涉及包装、储运、销售等一系列问题，需要更多的投入。在市场上消费者并没有对品牌菠萝有足够的接受度，很难获得市场更高的消费。

4.1.3 种植技术推广困难

中国菠萝产业发展的另一个限制因素集中在种植技术，由于化肥及膨大剂的滥用，很多菠萝特别是巴厘菠萝在收获销售时外表很大，但果实品质下降，且易出现黑心病等现象，不易储运。而种植户存在很大的种植偏好性，喜欢种植自己传统的菠萝品种，采用自己的种植技术偏好。在菠萝种植户中进行新品种及新技术推广存在很大的困难。

4.1.4 电子商务平台缺乏专业管理

2016 年年初的菠萝电子商务平台销售拖垮了很多电商。而同为生鲜互联网销售的樱桃、苹果等都已经有了一套成熟的配送方案，有了良好的包装及保护措施。菠萝由于保鲜技术并不完善，防损措施简单且到消费地运输时间较长，多数产品到线上消费者手中就坏了。中国菠萝产业由于产品上市时间相对集中，果品加工厂商也少，经常出现菠萝销售困局，销售价格在上市期波动较大，而电子商务的引入必将可以在一定程度上缓解这一波动。电子商务也是今后中国生鲜农产品发展的趋势之一。如何利用好众多线上商务平台，中国的菠萝产业还要多加探索。

4.2 中国菠萝产业发展建议

4.2.1 优化菠萝种植品种结构

中国菠萝消费仍集中于鲜食，但菠萝产业链的延伸必将提升产业链的整体利益。所以可以适当在中国菠萝主产区进行种植品种结构调整，划分鲜食和加工品种优势产区。调整菠萝整体品种结构，减少集中上市的竞争风险。优化品种结构，进入中国菠萝的高端消费市场。加大国内的新优菠萝品种培育，选取既适宜鲜食又适宜加工、储运的优良品种。支持绿色有机菠萝的生产种植，强化菠萝质量安全控制，做强菠萝鲜果及菠萝加工产品的出口创汇。

4.2.2 做好菠萝产业“走出去”战略

一方面，可以加大对国外优良品种、先进技术的引进。在“一带一路”倡议实施背景下，中国很多菠萝种植公司都选择走出去，在东南亚租赁土地种植菠萝。从自然资源角度讲，东南亚各国比中国更利于菠萝种植，且土地成本及劳动力成本较低，尤其适宜集约化种植。另一方面，可以利用在东南亚生产的菠萝弥补中国菠萝加工制品原料短缺的不足。制约中国菠萝加工产业发展的一个主要因素就是中国菠萝不能全年上市，加工原料的缺乏致使中国菠萝加工产业不能整年开工。

4.2.3 引导电子商务平台的菠萝销售

利用信息化服务平台加强菠萝产业上下游的联系，利用电脑、智能手机等服务终端向种植户推送菠萝产业的种植及市场销售信息。建立菠萝价格、流通量及质量安全的监测预警系统。引导农户对电子商务平台的使用，提升种植户在菠萝市场销售及生产种植过程中的信息量，减少信息不对等的状态。充分利用现有的淘宝、京东等大型电商平台，做好菠萝产业的线上线下销售，摸索一套适宜中国菠萝产销的电子商务平台服务体系。

芒果产业发展情况及形势预测

芒果是重要的热带亚热带水果，为世界五大名果之一。原产于亚洲印度，现已广泛分布于南北纬 28°~30°的热带、亚热带国家和地区。芒果以其独特的风味和高维生素含量在世界水果生产与贸易上占有一定的地位。在世界热带水果中，芒果的栽培面积和产量仅次于香蕉。由于芒果营养丰富，风味独特，被誉为“热带水果之王”。

中国芒果种植区域主要分布在海南、广西、云南、广东、福建、四川、贵州等省（区）。其中，海南、广东、广西等主产区在原有种植基础上对种植区域、品种结构进行了调整优化，在欠适宜区放弃种植；四川、云南、福建等新优势区种植面积逐渐增加，贵州等干热河谷地带也在试种。经过各界多年来的努力，中国现已成为全球芒果主产国之一，芒果也成为中国热带作物产区特别是山区农民经济收入的主要来源，尤其在广西、云南、四川、贵州等地，成为带动少数民族区域农民增收、农业增效的朝阳产业。

1 世界芒果产业发展基本情况

1.1 国外情况

1.1.1 生产情况

目前，全球芒果生产国众多，其中绝大多数为发展中国家。据 FAO 统计，2014 年全球约有 80 个国家和地区生产芒果，芒果收获面积为 564 万公顷，同比增长 1.96%，年产量为 4 520 万吨，同比增长 2.96%（由于 FAOSTAT 尚未对芒果产业进行专门的统计，而是将芒果、番石榴和山竹子统计在一起，因此世界上芒果的相关统计数据包含了番石榴和山竹子，下同）。

世界芒果生产中，以亚洲芒果栽培面积最大，产量最高，其面积和产量分别约占全世界的 77.57%和 76.397%；美洲面积和产量分别约占全世界的 9.41%和 11.64%；非洲面积和产量分别约占全世界的 12.85%和 11.87%。其中，印度芒果的收获面积和产量位居世界第一，收获面积为 252 万公顷，占世界总收获面积的 44.68%，产量为 1 843 万吨，占世界总产量的 40.77%，多年来该国的芒果产业一直稳步发展。2014 年世界芒果主要生产区的分布情况见表 1-1 和图 1-1。

表 1-1　2014 年世界芒果主产国的芒果生产情况

国家	产量/吨	种植面积/公顷	单位面积产量/千克/公顷
印度	18 431 330	2 515 970	7 325.7
中国	4 522 019	556 169	8 130.66
泰国	3 597 589	410 707	8 759.5
印度尼西亚	2 431 329	251 000	9 686.57
墨西哥	1 754 609	196 216	8 942.23
巴基斯坦	1 716 882	170 714	10 057.07
巴西	1 132 463	70 317	16 105.11
孟加拉国	992 296	56 296	17 626.4
埃及	927 352	88 512	10 477.13

注：数据来源于 FAO STAT Database，2014；此数据包含芒果、山竹、番石榴。

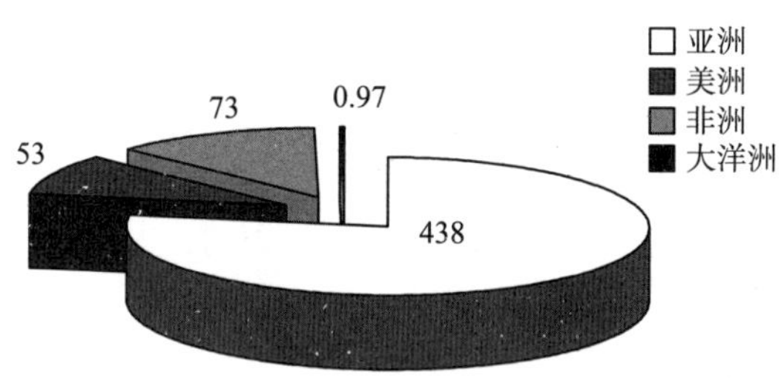

图 1-1　2014 年世界芒果产区分布情况（万公顷）

2014 年世界芒果平均单位面积产量为 8 015.3 千克/公顷，单位面积产量最高的国家孟加拉国为 17 626.40 千克/公顷，为世界平均单位面积产量的 2 倍之多，其次是巴西 16 105.11 千克/公顷，巴基斯坦 10 057.07 千克/公顷，埃及 10 447.13 千克/公顷，印度尼西亚 9 686.57

千克/公顷，墨西哥 8 942.23 千克/公顷，泰国 8 759.50 千克/公顷，中国 8 130.65 千克/公顷，作为芒果产果第一大国的印度，单位面积产量仅为 7 325.74 千克/公顷，其单位面积产量低于世界平均水平。

1.1.2 市场情况

2013 年世界芒果贸易量仅占总产量的 6.65%左右，有 100 多个国家（地区）进口芒果，最大进口地区为北美洲、欧洲等。FAOSTAT 显示，2013 年世界鲜芒果进口 118.91 万吨，进口额为 16.53 亿美元，进口额居前 4 位的国家分别为美国 4.3 亿美元，荷兰 2.43 亿美元，德国 1.28 亿美元，英国 1.06 亿美元。

2013 年世界鲜/干芒果出口量为 164.82 万吨，出口额为 16.90 亿美元。最大出口地区为亚洲、南美洲等，几个主产国（地区）的出口额如下：印度 2 亿美元、墨西哥 3.01 亿美元、泰国 1.8 亿美元、巴西 1.48 亿美元、秘鲁 1.33 亿美元、菲律宾 0.63 亿美元、巴基斯坦 0.58 美元；地区中，中国台湾 0.15 亿美元。此外，荷兰是欧洲的芒果交易中心，在贸易中扮演着重要角色，它是第二大芒果进口国，但 80%的芒果再转出口，其进口额为 2.43 亿美元，出口额为 2.21 亿美元。

芒果加工品贸易主要是芒果汁、芒果肉、芒果干等产品，市场份额较小，其他芒果产品还有芒果罐头、果酱等。泰国是世界芒果肉出口大国，芒果汁出口大国为埃及，芒果罐头最大出口国是墨西哥。亚洲是芒果加工品主要的国际贸易市场，近几年美洲芒果果肉进口贸易增长迅猛。在一些发达国家，芒果新型加工制品消费需求发展较快，销售价格也较好。

2015 年世界芒果平均生产成本为 981.04 美元/吨，其中大洋洲芒果平均生产成本最高，为 1 542.3 美元/吨，亚洲为 1 241.26 美元/吨，美洲和非洲芒果平均生产成本分别为 901.8 美元/吨、534 美元/吨。

1.1.3 产业特点

（1）世界芒果生产集中在发展中国家，主要有印度、泰国、印度尼西亚、菲律宾、中国、巴基斯坦、墨西哥、海地以及尼日利亚、埃及等国。

（2）世界芒果生产、消费增长缓慢，国际贸易增长迅速。当前世界芒果生产和消费已基本平衡，在产地市场甚至供大于求，但非产地市场需求继续增长。

1.2 国内情况

1.2.1 生产情况

中国芒果在世界芒果产业中所占的比例很小，但也是世界主产国之一。2016 年中国芒果种植面积、产量以及单位面积产量均居世界第 7 位。据农业部发展南亚热带作物办公室统计，2016 年中国芒果栽培面积 344.70 万亩，同比增加 16.56%；收获面积为 229.09 万亩，同比减少 5.51%；年总产量为 189.14 万吨，同比增加 13.68%；单位面积产量为 825.62 千克，相对 2015 年增长 20.31%。

种植区域主要分布在海南、广西、广东、云南、四川、福建、贵州等 7 省（区）100 多个市（县）。其中，广西芒果种植面积位居全国之首，占全国芒果总种植面积的 38.11%，云南排名第二，占全国总种植面积的 21.13%，海南位于第三，占全国总种植面积的 21.00%；其次为四川、广东、贵州、福建，分别占全国总种植面积的 10.28%、8.00%、1.06%和 0.42%。2016 年中国芒果种植区分布情况见图 1–2。

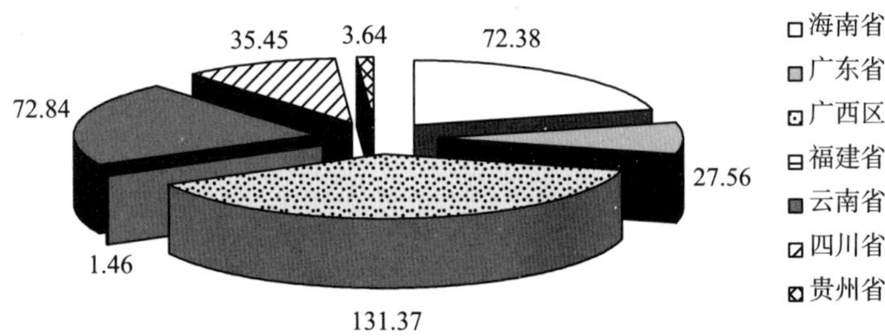

图 1–2 2016 年中国芒果种植区分布情况（万亩）

1.2.2 市场情况

1.2.2.1 进出口贸易

中国内地鲜/干芒果主要从澳大利亚、秘鲁、泰国、菲律宾等国家，中国台湾地区进口；出口到中国香港地区，越南、马来西亚、俄罗斯联邦、美国等国家。据海关信息网统计，2016 年中国鲜/干芒果总进口量为 3 959 吨，同比减少 42.15%，其中从澳大利亚进口 1 354 吨、秘鲁

958 吨、泰国 794 吨、菲律宾 284 吨，分别占进口总量的 34.20%、24.20%、20.06%、7.17%；2016 年中国鲜/干芒果出口总量为 26 685 吨，同比增长 163.66%，其中对越南出口 18 536 吨，占出口总量的 69.46%，对中国香港出口 6 991 吨，占出口总量的 26.20 %，对马来西亚出口 281 吨，对俄罗斯联邦出口 301 吨。2016 年出口量相对 2015 年大幅增加，进口量减少，进出口贸易表现为贸易顺差，进口金额为 1 779 万美元，同比减少 13.00%，出口金额为 5 348 万美元，同比增加 126.14%。

中国内地芒果汁主要进口国家（或地区）为菲律宾、以色列、西班牙、印度、中国香港。出口国家（或地区）为泰国、阿联酋、德国、马来西亚、中国香港，2016 年芒果汁总进口量为 1950 吨，同比下降 4.98%，进口额为 288.53 万美元，同比下降 2.50%，其中从菲律宾进口 1 398 吨，中国香港进口 160 吨，以色列 245 吨，西班牙 52 吨、印度 10 吨；芒果汁出口相对 2015 年有所增加，出口总量为 59.86 吨，同比增加 76.16%，出口额为 6.5 万美元，同比增加 71.74%，其中出口到泰国 32 吨、阿联酋 11.8 吨，德国 8.075 吨，马来西亚 2.949 吨；中国香港 4 吨。

1.2.2.2　价格

2016 年中国鲜芒果市场价格波动较大，不同熟期、不同品种价格差异很大。据中国热带农业信息网统计，芒果平均地头收购价格 7.5 元/千克，相比 2015 年平均地头收购价 7.0 元/千克，有一定涨幅。3—5 月，国内市场芒果鲜果供应主要来自海南省，地头收购价在 3 月时 5~20 元/千克，到 5 月下降到 4~16 元/千克。6—8 月，国内芒果产自广西、广东、云南、四川等省（区），福建少量收获，海南仅 6 月有少量产量，品种有贵妃、金煌、台农 1 号、鸡蛋芒、帕拉英达、凯特、红象牙、汤米、金白花、椰香芒等，收购价从 3.5 元/千克到 16 元/千克不等，市场均价在 10 元/千克上下。9 月，芒果产量大幅减少，四川、云南、贵州和广西有部分产量，贵州有少量收获，平均收购价为 8 元/千克。

1.2.2.3　消费

在消费方面，中国芒果消费集中在广东、广西、海南、福建等南方市场，近几年北方市场对芒果需求旺盛，而且一些高品质的芒果也出口俄罗斯及东北亚地区。随着近年来的市场推广，中国北方芒果高消费群体、区域及品种开始固定常态化，而长三角、珠三角地区成为大众消费群体。随着社会发展，芒果的消费模式正在发生着转变，不同芒果消费人群呈现不同的购买特点，年轻人比长者更偏爱芒果、女性比男性更易消费芒果，且更容易接受高价位的芒果，酸甜适度、果实大小适中、转色后色泽均匀一致的芒果将会是主流品种。

1.2.3 科技进展

（1）资源收集保存、评价鉴定。2015 年以来中国从美国、澳大利亚、巴基斯坦，广西、云南等国内外新收集芒果资源 27 份；从果实、植物学、抗病性等方面评价资源 170 多份，筛选出早熟、晚熟、抗病等优异种质 5 份。

（2）新品种选育。通过改良花粉采集、花序套袋等杂交育种技术，获得实生选种及杂交育种后代，选出优异单株 2 个，“桂热芒 71 号”、“凤凰芒”、“椰香芒”、“台农 1 号”、“红玉”、“热品 10 号”、“南逗芒 4 号”等 7 个品种通过国家或省级审（认）定，大幅度提高了杂交育种效率。

（3）高产高效栽培技术研究与示范。应用产期调节、整形修剪、花穗处理、晚熟芒果轮换结果修剪套袋、老树更新复壮等栽培技术，建立新品种比较、肥水高效利用、病虫害综合防治等示范基地，加强辐射推广，提高果园管理水平，显著增加了芒果经济效益和农民收入。

（4）新技术的探索。开展成膜型抗蒸腾剂在“凯特”上的应用、芒果避雨栽培和芒果设施栽培延迟成熟期等研究，在增强芒果抗旱栽培效果、提高果实产量、商品性和采后耐贮性等方面进行新技术的探索。

1.2.4 产业特点

1.2.4.1 进行产业结构调整

近年来，中国芒果产业结构得到调整并逐步改善，全国现已基本形成早熟、中熟、晚熟三大按成熟期分布区域的产业格局。各产区根据自身的区位优势，科学调整了早、中、晚熟品种结构。例如，四川、贵州等晚熟区域加快引进和选育晚熟优质品种，大力发展晚熟芒果产业；为错开芒果的上市高峰，广西百色大力发展晚熟品种，通过控制花期将四季芒品种的芒果成熟期延至11—12月，亩产达1 500千克；而海南部分果园通过采取跳过修枝环节，直接控梢催花，使果实提早1个月上市。

1.2.4.2 应用推广高效栽培技术

中国芒果主产区因地制宜地应用推广高效栽培技术，通过引进与筛选良种、培育地方和国家良种，实施简化修剪、根际施肥等轻简技术；对病虫害采取综合防控，普及果实套袋及采后保险处理，显著提高果实的商品果率。在芒果公益性行业（农业）科研专项推动下，各产区加强了行业内部的沟通与交流，共享共用芒果高效栽培技术，建立标准化生产示范点，辐射带动品种和技术的推广应用，进一步提升了中国芒果的栽培技术水平。

2 中国芒果产业分区域发展情况分析

2.1 各主产区芒果生产情况

2.1.1 海南省

海南省芒果种植主要分布在三亚、乐东、陵水、昌江、东方等市(县)，以早熟品种为主，主栽品种包括台农1号、贵妃芒、金煌芒、白象牙芒，成熟期主要集中在2月下旬至5月底。

据农业部发展南亚热带作物办公室统计，2016年，海南芒果收获面积居全国第二，达62.75万亩，同比增长1.46%；全年总产量也居全国第二，为53.78万吨，同比增长5.68%，占全国总产量的28.43%；单位面积产量为857.05千克/亩，同比增长2.85%；全年总产值301 168万元，同比减少21.08%。

2.1.2 广西壮族自治区

广西芒果种植主要分步在百色市以及南宁市，主栽品种有台农1号、桂热芒82号、金煌芒、红象牙和凯特芒等5个品种，其芒果主要在6月下旬至8月底成熟。

2016年，广西芒果收获面积居全国第一，当年定植23.92万亩，收获面积为65.29万亩，同比减少26.26%；全年总产量为58.43万吨，占全国总产量的30.89%，位居全国第一，同比增长19.29%；单位面积产量为894.93千克/亩，同比增加61.77%；全年总产值359 344.5万元，同比增加220.79%。

2.1.3 云南省

云南省芒果种植主要分布在红河流域、澜沧江流域、怒江流域和金沙江河谷地区，以中熟品种为主，5月底至9月下旬为芒果成熟期。

云南省收获面积全国排名第三，达45.05万亩，同比增长17.35%；全年总产量为40.94万吨，同比增长24.48%，占全国总产量的21.65%；单位面积产量为908.92千克/亩，同比增长6.09%；全年总产值195 690.48万元，同比增长44.79%，增长幅度较大。

2.1.4 广东省

广东芒果主产区集中在雷州半岛，以早中熟品种为主。该省产区虽栽培历史悠久，但因春季花期多阴雨天气，坐果率低，果实成熟期高温高湿，病虫害较严重，产量不稳定，逐步失去竞争优势并出现萎缩。

2016年，广东芒果收获面积为27.56万亩，全年总产量为22.48万吨，单位面积产量为815.67千克/亩，其种植面积同比基本保持不变，年产量同比增加1.67%，单位面积产量同比增长1.71%；全年总产值130 384万元，同比也减少了1.71%。

2.1.5 四川省

四川省芒果主栽品种是凯特芒、新世纪、台农1号，以晚熟芒果为主，芒果成熟期在7月下旬至9月下旬。2016年四川省芒果收获面积为25.20万亩，同比增加4.56%；全年总产量为9.58万吨，同比增加11.53%；单位面积产量为380.16千克/亩，同比增加6.66%；全年总产值为91 297.4万元，同比增加12.92%。

2.1.6 福建省

福建省芒果种植区很少，仅在莆田、厦门、漳州、福州、宁德有芒果种植，以红花芒、紫花芒、金煌芒为主栽品种，以晚熟芒果为主，芒果成熟期在7月下旬至9月下旬。近些年，福建省芒果花期经常低温阴雨气候反复，4 月盛花期多连续暴雨，坐果率低，芒果产业发展缓慢。

2016 年，福建省芒果收获面积仅为 1. 26 万亩，年产量为 1. 05 万吨，单位面积产量为 829. 13 千克/亩，同比均无显著变化；全年总产值 6 280. 2 万元，同比增长 159. 91%。

2. 1. 7 贵州省

贵州省芒果种植区也很少，仅在望谟县的红水河至册亨县的双江口一带有芒果种植，目前主栽品种为桂热 10 号、金煌芒、台农，以晚熟芒果为主，芒果成熟期在 7 月下旬至 9 月下旬。

2016 年贵州省收获面积仅 1. 98 万亩，同比增加 33. 78%，年总产量为 2. 88 万吨，同比增加 56. 52%，单位面积产量在全国产区中最高，为 1454. 55 千克/亩，同比增长 16. 76%；全年总产值 11 520 万元，同比增长 78. 88%。

2. 2 各主产区芒果市场情况

2. 2. 1 进出口贸易

据海关信息网统计，2016 年中国鲜/干芒果总进口量为 3 959 吨，其中在芒果主产区省份，广东省进口量位居全国第一，为 1 979 吨，占全国鲜/干芒果总进口量的 49. 99%；其次为广西、福建，进口量分别为 753、554 吨；海南、四川、云南以及贵州 2016 年没有进口鲜/干芒果。2016 年中国鲜/干芒果出口总量为 26 685 吨，除贵州省外，芒果主产区其他 6 个省份均有鲜/干芒果对外出口，其中广西出口最多，为 12 229 吨，占全国总出口量的 45. 83%；其次为云南、福建、广东、四川，分别为 11 276 吨、2 297 吨、328 吨、234 吨，分别占全国的 42. 26%、8. 61%、1. 23%和 0. 88%，海南省仅有 9. 4 吨芒果出口，2016 年中国芒果主产区鲜/干芒果进出口量情况见图 2-1。

2016 年，中国鲜/干芒果总进口额为 1 779 万美元，其中广东鲜/干芒果进口额为 991 万美元，占全国鲜/干芒果进口总额的 55. 71%，广西、福建进口额分别为 241 万、180 万美元；鲜/干芒果出口总额为 5 349 万美元，其中云南芒果出口额在全国芒果出口总额中最高，为 3 407 万美元，占全国鲜/干芒果出口总额的 63. 69%，其次为广西、福

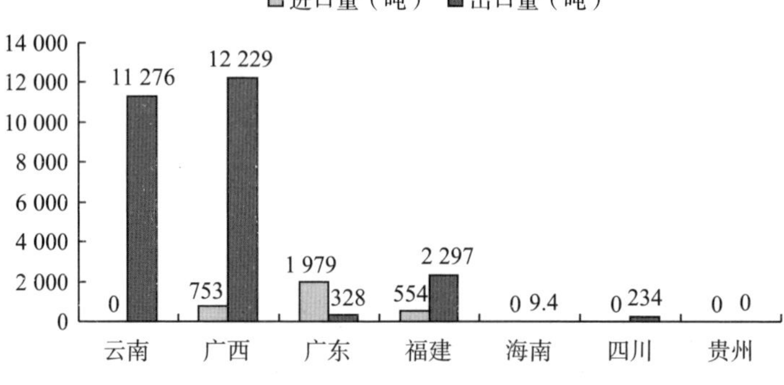

图 2-1 2016 年中国芒果主产区鲜/干芒果进出口量

建，分别为 1 119 万、709 万美元，四川、广东、海南出口额分别为 46 万、13. 3 万、1. 19 万美元。2016 年中国芒果主产区鲜/干芒果进出口额情况见图 2-2。

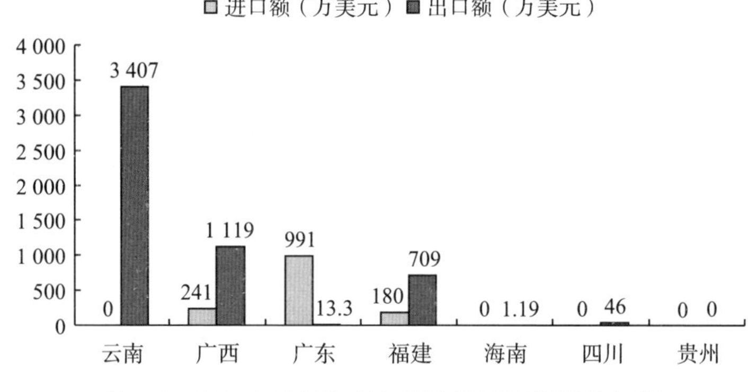

图 2-2 2016 年中国芒果主产区鲜/干芒果进出口额

2016 年芒果汁主产区仅广东、福建、广西有进出口交易，全国芒果汁进口量为 1951 吨，广东省芒果汁进口 678 吨，福建省 4. 4 吨；全国芒果汁出口总量为 60 吨，广东省出口 10. 03 吨，广西 32. 56 吨，福建省 1. 25 吨。

2. 2. 2 市场行情

芒果市场行情与成熟期和品种品质直接相关。通常 1—5 月为水果淡季，除保鲜贮存的水果外，该时期成熟的水果种类较少，此时成熟上市的芒果价格较好；6—9 月为水果成熟旺季，该时期成熟上市的鲜食水果种类较多，价格不高；国庆节前后成熟的晚熟芒果被视为市场中的一朵“奇葩”，前景广阔。

2.2.2.1 海南省

海南芒果成熟期在2月下旬至6月，补充了淡季水果的不足，与国内其他产区相比早成熟1个月左右。虽然海南省芒果产区与大陆市场有一定的距离，但成熟早、品质好，因而售价高、市场前景较好。2016年海南芒果实现了大丰收，不同品种的平均地头收购价见表2-1。

表2-1 海南省2016年芒果平均地头收购价表

月份	芒果品种	平均地头收购价/元/千克
3月	金煌	12
	贵妃	5~6
	白象牙	5~6
4月	台农1号	7~8
	贵妃	5~6
	金煌	10~12
	台农1号	6~7
	白象牙	4~5
5月	红象牙	3~5
	椰香芒	5~6
	土芒	14~16
	澳芒	8~10
	贵妃、金煌、台农1号、白象牙	同4月

2.2.2.2 广西壮族自治区

6月，广西芒果开始上市，9月芒果产量大幅减少，仅有部分产量。2016年广西芒果地头收购价见表2-2。

表2-2 广西2016年芒果平均地头收购价表

月份	芒果品种	平均地头收购价/元/千克
6月	台农1号	5~8
	台牙	6.4
	金煌	8

（续表）

月份	芒果品种	平均地头收购价/元/千克
7月	台农1号	5~9
	桂热芒82号	9.5
	贵妃	6.6
	金煌	5~10
	桂热芒10号	6.8
8月	金穗	3.5
	桂热芒10号	6
	桂热芒82号	12
	台农1号	6~8
	金煌	6~9
9月	桂热芒、凯特	7
	桂热芒82号	14

2.2.2.3　云南省

2016年云南省芒果地头收购价见表2-3。

表2-3　云南省2016年芒果平均地头收购价表

月份	芒果品种	平均地头收购价/元/千克
6月	台农1号	5~7
	贵妃	8
	金煌	7
	椰香	7
	圣德隆	4
7月	金煌、椰香	7
	台农1号	5~7
	圣德隆	4
	贵妃	8
	帕拉英达	6~9
8月	凯特	4
	圣心、红象牙、热农1号	8
	帕拉英达	10
9月	凯特	4
	圣心、红象牙	8
	景东晚芒	14

2.2.2.4　广东省

广东省仅6—7月有芒果上市，雷州的覃斗、北和等地芒果品种为台农1号、椰香和红芒6号，而紫花和金穗主要用于加工，地头收购价分别为台农1号7元/千克，椰香22元/千克。

2.2.2.5　四川省

四川省8月芒果成熟，地头收购价分别为凯特5.20元/千克，吉禄5.00元/千克，红象牙4.4元/千克，金煌10元/千克，金白花均价16元/千克。

9月，凯特和吉禄地头收购价分别为5元/千克和4.6元/千克。

2.2.2.6　福建省

福建省芒果金煌17~22元/千克，贵妃11元/千克。

2.2.2.7　贵州省

8月，贵州省台农1号、金煌、红象牙平均6~8元/千克，红芒6号、桂热芒120号均价8元/千克；9月，桂热芒10号均价8元/千克。

2.3　各主产区芒果加工情况

广西北海百果园果汁有限公司自主研制了中国第一套热带水果浓缩果汁生产线，年生产能力为8 000吨，其芒果浓缩原浆产品远销法国、浓缩果汁销往日本。中国的芒果汁原浆主要从泰国、越南等地进口，因中国芒果原材料成本太高，不宜加工成芒果原浆。

芒果加工品种类除芒果浓缩汁和芒果原浆外，还有芒果果糕、芒果腌制品、芒果果干等。广东芒果加工企业有高州市源丰食品有限公司和湛江市麻章区泰华天然果汁厂。中国芒果加工正逐渐向标准化、机械化、精深化和优质化发展，各类加工品逐渐增加，生产规模及生产能力日益扩大。

2.4　芒果产业在各主产区存在的问题

2.4.1　海南省

（1）台风自然灾害频繁，病虫害危害加大。

芒果是热带果树，受台风制约比较大，严重影响芒果的生产及发展；台风过后受损果树的枝条、花果病虫害发生相对较多，流胶病、蓟马等病虫害严重。

（2）品种退化严重，人为品种搭配不科学。

主产区长期使用多效唑催花，造成芒果树老化退化严重，果品品质及大果减少，败育果增多；新品种换代不及时，很多芒果园只能上树换冠嫁接，由于品种的亲和性和树体老化等诸多因素，果园效益提高并不明显。

2.4.2 广西壮族自治区

（1）果园基础设施落后，低产果园面积大。

广西芒果园多分布于山上，水电缺乏，条件较落后，果农对果园的资金投入不足，基础设施差，抵抗自然灾害的能力低；部分果农科技种果水平较低，果园管理粗放，新技术、新经验、新品种得不到很好的推广和应用，造成低产果园面积大、经济效益低。

（2）品种结构不合理，市场竞争力不强。

右江河谷芒果基地表现为以早中熟品种为主，晚熟品种缺乏，收获期较为集中，高峰期为 2 个多月。在品种种植方面，具有市场竞争力的品种如田阳香芒、台农 1 号、金煌芒、台牙芒、凯特芒等仅占芒果总面积的 45%左右，总体表现为品种结构不合理。

2.4.3 云南省

（1）主栽品种单一、老化，优质品种优化配置度低。

该区域主栽种三年芒早熟，果形、果色好，但易出现裂果，成熟期集中，鲜销时期短，耐贮运性差，而且品种老化，抗性变差，病虫害危害严重，优质种的品种优势不能体现。

（2）果园管理水平差、效率低，种植面积回缩，销售渠道不畅通。

该区域芒果产区主要分布在少数民族地区，生产规模小，管理技术不统一，管理水平参差不齐，多数果园仍是低投入、少投入或不投入的粗放管理；采摘芒果成熟度的标准不一，采后处理技术落后，贮运技术落后，又缺乏大型加工企业，致使大量芒果仅在当地销售，因此销售市场狭小、异地客户少。

2.4.4 广东省

广东目前的栽培品种主要是从台湾引进的品种，成熟期在6—8月，产期过于集中，给鲜果销售带来压力，产品价格亦受影响。另外，世界芒果品种资源有1 000多份，而广东现有入圃的芒果品种资源只有100多份，种质资源单一，加工品种缺乏，既影响鲜果的销售，又影响加工企业的发展。

2.4.5 四川省

20世纪90年代后期，四川省芒果生产进入产业化快速发展阶段，成为农民增收的又一重要支柱产业，其中优质晚熟品种凯特、吉禄种植比例在65%以上，红象牙、爱文、台农1号、海顿、三年芒等品种都有一定栽培面积，吕宋、瓦橙、金煌、攀西红芒、金白花、椰香、肯特、白象牙、黄象牙、红贵妃、乳芒等品种有少量栽培。近十年来，在攀西地区开展市级以上芒果科技项目较多，引育的凯特芒已作为农业部主推品种，晚熟芒果生产栽培技术理论进一步丰富和完善。

2.4.6 福建省

福建省现有芒果品种良莠不齐，表现为果核大、纤维多、适应性不强、抗病虫能力差，缺乏优良的种质资源；主栽品种普遍老化，品种更新周期长；品种单一，缺乏多样性；早晚熟品种比例不合理；缺乏优质、高效的品种；标准化生产技术研究滞后，栽培管理粗放，缺乏科学指导；一些良种缺乏相应的配套栽培技术；果品采后商品化处理水平低，贮运、加工条件落后。

3 中国芒果产业2017年形势预测

3.1 中国芒果产量预测

在地方政府优惠政策的支持和鼓励下，贵州等地的芒果种植面积将有所增加，前几年四川、贵州等地新植的芒果树陆续进入投产期，预计2017年产量将有所增加。但从2014年开始生成并持续至今的厄尔尼诺现象，导致中国气候“凌乱”。厄尔尼诺造成2016年长江流域的汛期降水总体偏多，中下游将发生较重洪涝灾害，都将对芒果生产造成负面影响，增加芒果种植的风险系数。

预计 2017 年中国芒果产业种植面积有所增长，芒果新增种植面积会增加，而进入收获的芒果树面积会增加 25 万亩左右，芒果总产量和单位面积产量也将增加。

3.2 中国芒果国内外市场价格预测

随着社会各界对芒果产业的高度重视，中国芒果加工及线上电子商务发展迅速，芒果鲜果及加工制品的需求量均大增，但国内生产的芒果远远不能满足鲜食及加工市场的需求。近十年时间里，中国芒果加工产品出口量逐年增长，但与泰国、巴基斯坦、菲律宾等出口大国相比还有较大差距。预计 2017 年中国芒果汁和果肉进口需求量将继续增加，成为世界芒果汁、果肉的进口大国。

预计 2017 年中国芒果市场价格要比 2016 年呈明显上升态势，上市高峰期价格会比 2016 年上升。

4 中国芒果产业发展制约因素及对策

4.1 面临的形势及存在的主要问题

4.1.1 面临的形势

（1）规模化、机械化与产业化需求进一步扩大。

随着国内劳动力的短缺以及人工费用的日益升高，芒果生产的成本越来越高，这种高成本的生产模式将逐渐被机械化取代，但由于中国芒果产区大部分在偏远山区，坡地果园居多，实现大规模的机械化修剪、采收等全方位操作不太现实，研究适合中国芒果产业特点的小型机械具有巨大的市场潜力。而芒果规模化经营模式的不断扩大，为机械化操作提供了可能，这必将更加快速地推动芒果产业的发展。

（2）科技投入力度需求进一步加大。

中国围绕芒果产前、产中、产后的育种、产期调节、病虫害防治、肥水高效利用等关键问题开展了大量的研究，形成了一大批技术成果，且部分在生产上已经发挥了很大的作用。随着未来科技投入力度进一步加大、科技成果转化力度的进一步加强、生产技术水平的进一步提升、从业人员素质的进一步提高，必将会助力中国芒果产业精细化、规模化、智能化。

(3) 营销模式需求进一步创新。

芒果行业的电商规模初步形成，仅海南省 2016 年催生出一大批为微商、电商做代购的芒果供应商和芒果品牌商，更促使生产第一线的农民有了售后的危机和责任，这就需要芒果生产者进一步转变营销观念，将芒果生产引入相对稳健的渠道，为芒果产业创造更大的经济效益和社会效益。

4.1.2 存在的主要问题

(1) 区域性独特的单项技术创新不足，标准化技术水平有待提升。

中国芒果在引进、创新、共享共性技术方面取得较大的进展，但区域性高优栽培上的单项技术创新能力不足，影响了芒果产业可持续均衡发展。另外中国芒果在生产过程中标准化技术水平实施力度不足，未能全面实现科技在田间的普及应用，限制了芒果产业的全面发展。

(2) 产业链延伸不够，创新不足，投入少。

中国芒果仍以鲜果鲜销为主，选种育种以鲜食为主要目标，缺乏优良的专用型加工品种；采后加工产品单一，高附加值的加工产品种类少，产品市场竞争力弱；重视产前、产中而轻视产后；精品高端产品占比小，产品的商品价值不高；产品的加工量小，高附加值产品产量低。

(3) 芒果产业自律性欠缺。

由于过度追求种植的高产和高利润，近年来在芒果生产过程中过度施用膨大剂、过早采摘嫩果等，芒果皮厚、味酸、甜度低、口感差以及果实内烂、催熟后无法正常转色等严重影响品质的现象屡见不鲜，这种缺乏产业自律性的用药及管理方式，即便可以换取短期利益，但终将以破坏市场需求、断送市场前景为代价。

4.2 中国芒果产业发展建议

4.2.1 加强基础设施建设投入，制定相关扶持政策

政府应将基础设施建设补助纳入财政预算中，重点完善果园水利基础设施、道路基础设施建设。制定土地流转扶持政策，鼓励土地使用权依法流转；简化芒果产业开发的贷款手续，给予利息优惠或适当贴息；积极探索建立芒果保险政策试点，全面开展芒果保险的政府政策补贴扶持。

4.2.2 构建芒果产业技术体系，提高芒果产业组织化水平

整合科研力量与科技资源，围绕产业发展需求，构建现代芒果产业技术体系。各级政府应从政策上加大力度对基层技术人员和果农的技术培训，加大力度引导和重点扶持带动能力强的芒果类龙头企业，培育芒果专业合作社，建立芒果生产示范基地，实现产、销、加一条龙，产、学、研一体化，提高芒果产业化水平。

4.2.3 提高产业信息链服务，建立健全预警机制和保险保障体系

建立重大自然灾害和重大病虫害的预警机制与补偿机制，完善政策性农业保险制度。建立健全芒果产业的价格及生产预警机制，建立与国内预警相关联的芒果进出口预警和防御机制；加强对贸易对象国进口产品的病虫害监控检验，防止因进口贸易而引起的外来物种入侵。加强芒果产业集销售、种植技术、种质资源等为一体的专业网站建设，广泛收集信息，服务于产业预警机制。

4.2.4 加大科技投入，推行标准化生产，实施品牌战略

重视芒果整个产业链的科技投入。加快建立芒果产业特色的质量标准和科学规范生产技术规程。加快芒果品牌战略实施，并着力提升芒果品牌美誉度。

槟榔产业发展情况及形势预测

槟榔主要分布于亚洲与美洲的热带地区，主要生产国家有印度、斯里兰卡、菲律宾、中国、缅甸、巴基斯坦、马来西亚、印度尼西亚、越南、柬埔寨、泰国、孟加拉国和毛里求斯等国。目前世界上约有7亿人消费槟榔。中国槟榔生产种植主要在海南省和台湾省。

槟榔是四大南药（槟榔、砂仁、益智、巴戟）之首，其果实、种子、皮、花均可入药。槟榔在海南是仅次于天然橡胶的第二大热带经济作物，占全国产量的95%以上，近几年槟榔产业发展较好，种植面积不断扩大，收获面积、单位面积产量、干果总产值不断提升，需求量日益增大。截至2016年海南省槟榔种植面积149.49万亩，干果产量达23.42万吨。海南省涉及种植槟榔的农民约有50万户，是海南省农业重要的经济支柱产业和农民收入的重要来源。2016年，槟榔交易总量减少，由于价格平稳上升，槟榔鲜果销售综合平均价格为16.26元/千克，槟榔干果销售综合平均价格为76.4元/千克，交易额增长，种植效益增加。

1 世界槟榔产业发展基本情况

1.1 国外情况

1.1.1 生产情况

世界槟榔的年产量约130万吨，印度是世界上槟榔种植面积最大、产量最高的国家，其产量约占世界槟榔总产量的一半；其次是印度尼西亚；其他主要生产国有中国、缅甸、泰国、斯里兰卡等。

1996年全球槟榔产量为63.6万吨，2013年增长至122.4万吨，

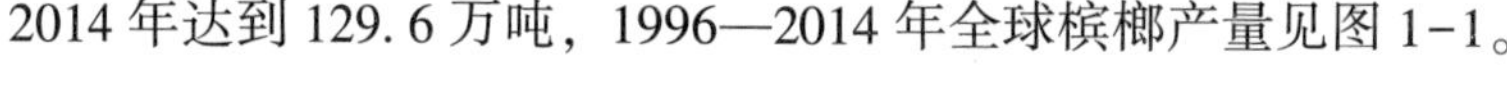

2014 年达到 129.6 万吨，1996—2014 年全球槟榔产量见图 1-1。

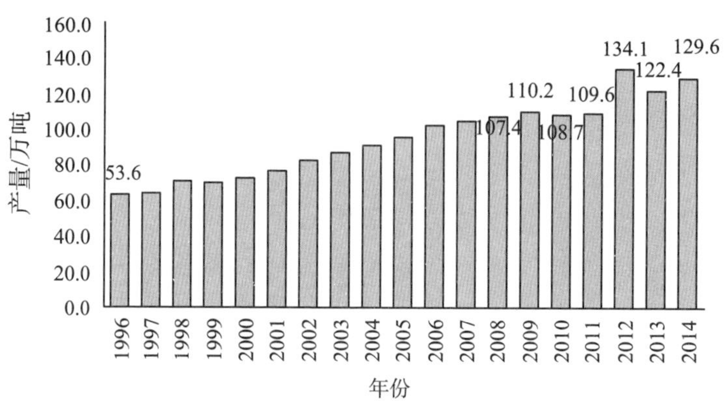

图 1-1　1996—2014 年全球槟榔产量

数据来源：FAOSTAT

1.1.2　市场情况

世界槟榔进口和消费国主要是巴基斯坦、尼泊尔、马来西亚、德国、不丹、孟加拉国、文莱、斯里兰卡、奥地利、日本。据海关信息网数据，2016 年中国进口槟榔果 819 227 千克，金额 1 440 324 美元，平均每千克 1.76 美元。其中，通过台澎金马关税区进口 363 433 千克，金额 1 018 294 美元，平均每千克 2.80 美元；通过印度尼西亚进口 439 170 千克，金额 413 639 美元，平均每千克 0.94 美元，通过马来西亚进口 16 264 千克，金额 8 156 美元，平均每千克 0.50 美元，通过印度进口 360 千克，金额 235 美元，平均每千克 0.65 美元，2016 年中国内地槟榔果进口见图 1-2。

世界槟榔出口国主要是印度尼西亚、中国、孟加拉国、马来西亚、印度。中国为第二大槟榔出口国。据海关信息网数据，2016 年中国内地出口槟榔果 13 070 千克，金额 81 836 美元，平均每千克 5.67 美元；其中出口日本 5 064 千克，金额 56 668 美元，平均每千克 11.2 美元；马来西亚 1 219 千克，金额 3 161 美元，平均每千克 2.59 美元；泰国 876 千克，金额 2 384 美元，平均每千克 2.72 美元；新加坡 444 千克，金额 2 014 美元，平均每千克 4.54 美元；加拿大 244 千克，金额 843 美元，平均每千克 3.45 美元；美国 125 千克，金额 300 美元，平均每千克 2.4

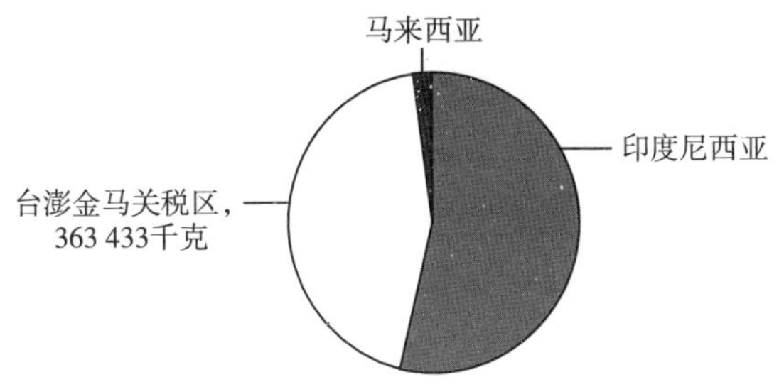

图 1-2　2016 年中国槟榔果进口数量

美元；澳大利亚 115 千克，金额 288 美元，平均每千克 2. 50 美元；中国香港 3 998 千克，金额 11 218 美元，平均每千克 2. 81 美元；台澎金马关税区 985 千克，金额 4 960 美元，平均每千克 5. 04 美元；2016 年中国内地槟榔果出口数量见图 1-3。

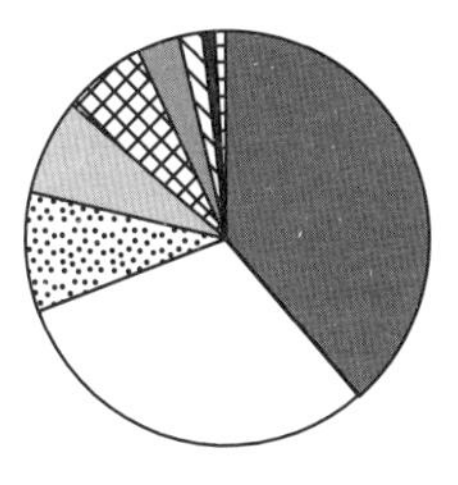

图 1-3　2016 年中国内地槟榔果出口数量

世界槟榔消费主要集中在亚洲地区，咀嚼槟榔是一种传统习俗，有着两千多年的历史，并一直延续至今。世界传统槟榔食用消费市场已经初具规模，目前世界上食槟榔的消费者约 7 亿人。目前，欧洲尤其是英国及北美一些国家也开始流行咀嚼槟榔。英国是亚洲地区以外最大的槟榔进口国，目前进口量相比翻了一番；在欧洲及美国也有增加之势。

1. 1. 3　科技进展

在槟榔的组织培养研究上面，Karun 等利用 7 个月龄的槟榔种子胚成功地诱导出试管苗并已移栽成功，但是利用体细胞诱导槟榔幼苗的技术尚在逐步完善之中；Mangala 等利用主栽品种的幼嫩叶片和未成熟的花序研究诱导幼苗，成功获得槟榔组织培养幼苗；中国台湾学者 Wang 等利用槟榔的叶、根及茎成功诱导出槟榔幼苗；黄丽云等利用槟榔幼胚成功诱导出槟榔幼苗，成活率达 75%以上，是中国首次对槟榔进行组织培养研究。

在分子标记开发方面，台湾学者 Hu Cheng-Heng 等人利用 9 条 SSR 引物对采自台湾屏东县的 36 份槟榔材料进行 PCR 扩增，结果在 36 份材料中共扩增 103 条带，每条引物扩增出 5~15 条带，平均可达 10 条，扩增条带在 107~304bp，HE 在 0.74~0.94，平均 0.87，HO 在 0~0.88，平均 0.36，除了 AC30 外，其他 8 个引物都偏离了 HWE 平衡，可能是因为长期的人工选择，或存在过多的无效等位基因位点。

1.1.4 产业特点

世界在对槟榔药用产品及保健产品的研究开发方面显得滞后，在槟榔资源的综合深加工及开发利用方面尚存在许多问题待解决，特别是对于槟榔的有效保健成分提取方面还亟待开拓。槟榔新产品研发滞后，槟榔综合利用深加工程度低，导致支撑世界槟榔产业持续发展的后劲不足。未来世界槟榔精深加工产业的发展潜力巨大，充分利用槟榔资源，挖掘其药用、食用价值，解决槟榔精深加工综合利用的难题，积极开拓高端消费市场已经成为世界槟榔产业实现跨越式发展迫切需要解决的重要课题。

1.2 国内情况

1.2.1 生产情况

中国槟榔生产种植主要在海南省和中国台湾，海南槟榔种植发展趋势较好，槟榔种植已成为广大农民发家致富的一项好产业，且大多数是农民自发种植。

2016 年海南省槟榔实有面积 149.49 万亩，较 2015 年增长 1.65%，产量 234 200 吨，较 2015 年增长 2.18%，单位面积产量 222.37 千克/亩，较 2015 年减少 1.67%，产值 728 362 万元，较 2015 年增长 13.51%。

2016 年 7 月海南省价格成本调查队对琼海、万宁、陵水、屯昌和白沙等 5 个市县 8 个槟榔种植专业户开展成本调查，结果显示，2016 年海南省槟榔种植减产减收。此次调查种植面积为 301.83 亩，与 2015 年同期基本持平；调查亩平均产量为 423.49 千克，同比减少 28.10%；亩平均产值为 1 677.02 元，同比减少 34.1%；亩平均净产值为 1 504.08 元，同比减少 31.53%；亩平均净利润为 1 324.35 元，同比减少 28.23%。据该次调查分析，2016 年海南省槟榔种植减产减收，主要是因为年初槟榔扬花结果期间遭受了干旱天气的严重影响，致使槟榔长势不好，开花结果少，且果实形状小，从而导致了槟榔种植减产减收。

但中国槟榔的加工产业却集中在湖南省，年加工量 20 万吨，占全球 25%，据不完全统计，湖南省现有槟榔加工规模企业 50 余家。

1.2.2 市场情况

随着槟榔产业的发展及食用槟榔加工生产的规模化，槟榔成为继香烟、酒和含咖啡因饮料后的第四嗜好品，槟榔消费群将进一步扩大。中国槟榔消费群分布较广，但主要集中在中国南部区域，还有少量高质量的槟榔干果和加工制品出口海外。槟榔消费市场每年以 30%的速度不断增长，但是对于整个国内市场而言，很多地区并没有消费槟榔的习惯，甚至对槟榔本身都并不了解。2011 年湖南全省槟榔销售额已经达到 150 亿元，2012 年以海南槟榔为原料的湖南槟榔产业链年产值近 200 亿元，2013 年已经超过 280 亿。而根据槟榔行业协会透露，2016 年，湖南槟榔产业产值达到 500 亿元，湖南咀嚼槟榔人数已超过 1 000 万人。

1.2.3 科技进展

曹学仁等（2016）认为引起槟榔生理性黄化的主要原因是土壤贫瘠、肥害、水害、干旱、洪涝、大气污染和药害等，防治方法主要是通过低洼地和水田多挖排水沟，让积水能够及时排除；坡地根据气候条件及时浇水；施肥过程中应注意大量元素与中微量元素并举，增施有机肥和农家肥；减少除草剂特别是灭生性除草剂的使用，采用人工除草，主要砍去林间的杂树，保留矮小灌木、飞机草及其他矮草，使林下有一定的荫蔽，严格按推荐浓度使用除草剂，从而减少对槟榔根系的破坏等来进行防控。

朱杰等（2016）认为海南槟榔产业存在的主要技术问题是品种单

一，管理粗放；海南槟榔种植分布不均匀，不形成规模；槟榔黄化病发生严重，蔓延趋势，结果少；农民技术水平低；槟榔加工成品较少，农民以鲜果销售为主；槟榔品牌少，市场竞争力不强；市场信息不通，没有槟榔产品批发市场；政府投资较少，扶持力度不够。

罗大全等（2016）认为槟榔黄化病是一种由植原体引起的毁灭性的传染病害，目前尚无有效的化学药剂可防治，只能采取“预防为主，综合防控”的植保方针，重病园以全园清除后重新种植无病槟榔种苗、加强病害监测、因地制宜发展林下种养以增加土地收益为主，中轻病园以病害监测及时清除发病植株、加强肥水管理、林下种养结合和防控有关害虫为主，未发病园以病害监测和种苗检疫、加强水肥管理、林下种养结合和防控有关害虫为主。

钟宝珠等（2016）认为红脉穗螟在海南全年均可危害槟榔，对不同树龄的槟榔危害程度存在一定的差异，对树龄低于 19 年的槟榔危害相对较重，槟榔受害率在 30%以上，对于树龄较高（高于 20 年）的槟榔危害程度相对较轻，槟榔受害率在 25%以下。

吴硕等（2016）认为影响槟榔干果咀嚼性和最大周长收缩的因素依次为：温度、风速和湿度，温度 55℃、风速 1.2m/s 和湿度 60%RH，在此条件下槟榔干果硬度和咀嚼性最低。

黄丽云等（2016）认为台湾种鲜果一般分为三级：特白肉果、白肉果、红肉果，特白最好，白肉次之，红肉最差，其中特白肉果和白肉果主要集中在 3.5 千克/ 1 000 粒、4 千克/ 1 000 粒的发育阶段，该阶段的果实嚼食口感较甜、有适度的兴奋感、肉质软、不易扎嘴。

1.2.4 产业特点

对于槟榔产业而言，其生产主产区海南和加工主产区湖南相对分离，近几年海南的槟榔加工业也开始利用资源优势初露头角。槟榔鲜果采摘后直接食用的约占 1%，在海南初加工厂加工成干果的约占 4%，海南槟榔供应湖南深加工厂约占 95%，最终成为产品，送到消费者手中。

中国槟榔深加工主要在湖南省，湖南省最大的品牌槟榔主要还是老湘潭、雄究究、胖哥糊涂味和 FANS7、小龙王；青果品牌槟榔主要就是口味王、友文青果王和七妹等。湖南湘潭槟榔加工产业闻名，有胖哥、小龙王、皇爷、宾之郎、七妹等 20 多家槟榔加工企业，解决当地劳动力就业 20 余万人，占地区总人口的 7.14%。如今，湖南槟榔产业已经走出湘潭，向长沙、益阳、株洲、醴陵等地发展。

2　中国槟榔产业分区域发展情况分析

2.1　各主产区槟榔生产情况

海南省万宁市享有“中国槟榔之乡”“国家槟榔示范基地”之美称，槟榔种植面积约有 53 万亩，占全省种植面积过半，每年槟榔鲜果产量超过 22 万吨。一直以来，万宁市政府也十分重视槟榔产业发展，连续出台一系列鼓励政策，促进槟榔产业增效、农民增收，农民收入贡献率达 30%以上，季节性槟榔初加工业带动当地农民就业约 1 万人，人均可获劳务收入 1.2 万多元。

海南省屯昌县也是中国槟榔的主要生产地之一，同时槟榔也是屯昌的第二大热带经济作物，是屯昌农民的重要经济来源，其收入贡献率高达 15%，种植面积达 11.6 万亩，且多集中在南坤镇，种植面积为 2.6 万亩。

2.2　各主产区槟榔市场情况

2016 年中国槟榔产业发展良好，特别是万宁槟榔交易市场的建设，从三个方面保障了槟榔市场的平稳健康运行，一是虽然交易总量减少，但交易金额增长，农民效益增加；二是槟榔市场价格上升平稳，据统计，槟榔鲜果销售综合平均价格为 16.26 元/千克，同比增长 37.1%，槟榔干果销售综合平均价格为 76.4 元/千克，同比增长 19.4%，其中槟榔白果销售平均价 80 元/千克，同比增长 20.8%，槟榔黑果 66 元/千克，同比增长 17%；三是库存量减少，流通增快，2016 年全市冷藏库存槟榔干果约为 4 436 吨，同比减少 66.7%。

海南万宁作为槟榔的主产地之一，为稳定槟榔市场价格，保护农民经济收益，从 2016 年 10 月起，采取槟榔市场收购价格日监测报告制度，建立 10 个槟榔收购价格监测点，分布在万宁市龙滚镇、北大镇、长丰镇、三更罗镇以及南桥镇各地。

2016 年，多地槟榔青果供不应求，2016 年 9 月初开始，槟榔鲜果收购价一路飙升。20 日槟榔鲜果收购价平均 12.14 元/千克，11 月后，槟榔收购价格最高上涨到 21 元/千克，特别是在槟榔大量上市的时期，收购价格都保持在 20 元/千克左右，虽然 12 月收购价格有所回落，但没有低于 14 元/千克。

2.3 各主产区槟榔加工情况

海南的槟榔产业多集中在万宁，素有“海南槟榔半万宁”之称。目前仅万宁市范围内初级加工鲜果企业就有 252 家，深加工企业 3 家。1 家深加工业（口味王）设 2 个生产基地，年需求槟榔干果近 6 万吨。2015 年，全市槟榔鲜果加工量约 21.5 万吨，初加工干果产量 5.04 万吨，实现槟榔产业总产值 24.79 亿元；2016 年，全市槟榔鲜果加工量达 45 万吨。

另一主产区屯昌，则重视对全县槟榔初加工产业转型升级，在促进经济增长的同时保护环境。2015 年，9 个月内取缔 600 多家烟熏槟榔加工小作坊，新建 25 条绿色烘干蒸汽炉槟榔加工生产线。积极实现加工企业和合作社的合作机制，现有 6 家槟榔加工合作社进入，总融资 2 500 万元。

3 中国槟榔产业 2017 年形势预测

3.1 中国槟榔产量预测

2016 年槟榔产业受气候影响较大。槟榔初花的挂花受到 2—3 月低温天气的影响，到 5 月又受到持续高温影响，接着 10 月 21 号台风“莎莉嘉”登陆海南。槟榔黄化病继续成为中国槟榔产业发展的制约因素之一，蔓延面积及速度继续扩张。2016 年槟榔减产超过 10%。

近年来，天然橡胶价格低迷，相当一部分农民对橡胶生产不够重视，弃管弃割现象严重。由于 2014 年槟榔价格回升，2015—2016 年农民转而加强槟榔的种植和管理，预计 2017 年槟榔鲜果平均每亩产量约 950 千克，海南全省槟榔实际采摘面积约 115 万亩，总产鲜果约 110 万吨。

3.2 中国槟榔国内外市场价格预测

槟榔的需求量越来越大，消费市场也不断扩大，产品供不应求，原来只有湖南的企业收购槟榔干果，现在全国都有消费市场，远远不能满足市场需求。2015 年海南的槟榔，无论是青果还是干果，都一路飙升，青果高时卖到每千克 21.6 元，干果高时卖到每千克 80 元。据万宁华菁种养专业合作社有关人员介绍，海南槟榔琼中产的较好，万宁和陵水产的次之。2015 年 9 月中旬，槟榔鲜果琼中每千克 19.6 元，万宁每千克 19.2 元，陵水每千克 17.8 元。2015 年槟榔鲜果统装货最高价是每千克 22 元，2016 年鲜果统装货最高价是每千克 22.4 元，干果每千克 113 元。

根据目前海南槟榔实际收获面积、槟榔鲜果加工能力、槟榔市场消情况预测，2017 年海南槟榔鲜果每千克 16~20 元。

4 中国槟榔产业发展制约因素及对策

4.1 面临的形势及存在的主要问题

4.1.1 槟榔种植业形势

2016 年上半年以前，天然橡胶价格连续低迷，严重影响农民种胶的积极性，2015—2016 年农民植胶呈现负增长。同时，2013—2014 年槟榔鲜果价格不断上升，这两年槟榔鲜果收购价在高位运行，槟榔种植户的收入相当可观，提高了农民种植槟榔的意愿，在槟榔主产区部分橡胶更新林地和残缺胶园都种上槟榔，种植发展形势较好。

相对其他热带作物而言，槟榔的种植方式仍较为传统且粗放。虽然种植成本低，生产资料投入加上采摘人工费，每亩成本不超过 1 500 元，但产量亦不高。且农民多采用等收购商上门的形式，虽然运输费可以节省，但销售价格往往受收购商主导。但近几年，槟榔鲜果的平均价格较高，几乎均能维持在每千克 12 元以上，海南各地的农民种植积极性也很高。

4.1.2 槟榔加工业形势

海南省于 2013 年开始淘汰槟榔初加工的落后产能，扶持万宁市、琼海市、琼中县、屯昌县、定安县、保亭县、陵水县等市县的企业和合作社建设电炉和蒸汽环保加工设备烘干槟榔，其中槟榔电烘干环保炉建设 9 549 台，加工槟榔鲜果每批次的需求量 3.4 万吨左右，每年加工周期 30 批次左右，槟榔鲜果总的需求量 102 万吨左右，加上蒸汽环保加工设备等，槟榔鲜果初加工能力可达到 150 万吨以上，总加工能力能适应槟榔鲜果初加工的需要。

2016 年海南槟榔鲜果加工约 80 万吨，显然槟榔初加工所需原料的供需不足，海南槟榔初加工产能已过剩。

4.1.3 槟榔产业发展存在的主要问题

（1）槟榔种植单位面积产量较低。

槟榔种植单位面积产量较低原因之一是采用劣质种苗。20 世纪 80 年代，海南槟榔市场售价节节攀升，农民种植槟榔的积极性很高，对槟榔种苗需求量剧增。但当时对槟榔种苗的管理并不严格，种苗经营者经常把优质种苗和劣质种苗混着销售，以次充好现象屡见不鲜。更有一些低产母株和来自泰国的劣质种苗在海南各地销售，混乱了槟榔种苗市场。槟榔多为农民自发种植，有的种植者缺乏优良品种意识，种植劣质种苗，造成果龄槟榔园单位面积产量较低。而且，由于槟榔从种植到结果的周期较长，农民并不愿对低产槟榔园更新重种，造成恶性循环，影响槟榔园的整体产量。

（2）种植条件不适。

虽然槟榔极为适宜在海南种植，对土壤肥力及气候、生态要求并不高。但在实际种植中，很多农民没有对土壤和生态条件进行选择，将槟榔树种植在贫瘠干旱的沙砾地上或土质黏重、积水低洼地等不适宜其他热带作物生长的土地上，且槟榔园管理仍粗放，肥料及人工的成本较小，致使槟榔植株生长不良，产量低，特别容易受到病害侵袭。

（3）病虫害较严重。

黄化病是槟榔种植业最主要问题，在海南屯昌、琼海、万宁、陵水、三亚、保亭等县市的成片槟榔园中普遍发生，部分槟榔园发病率为 30%~40%，染病较重的槟榔园已全园摧毁，颗粒无收。据对南桥、长丰、三家罗和北大等乡镇的考察，估计黄化病感染面积应该在 60%以上，以长丰镇和南桥镇的槟榔黄化病最为严重，大部分园区的槟榔树出现叶片黄化，大量病树已经或接近枯死。

4.2 中国槟榔产业发展建议

4.2.1 更新低产槟榔园

目前海南低产槟榔园约占种植面积的20%~30%，这部分槟榔园亟待改造成高产槟榔园，以提高槟榔单位面积产量。

建议农民从正规渠道购买槟榔种苗，把好种苗关，确保严格的种植管理，保证母株生长健壮且稳定高产，种子均匀适中，不带病菌、成熟度好。

4.2.2 建设生态槟榔园

槟榔新植地和更新地应注重建设生态槟榔园，种植槟榔时侧重施用有机肥，减少化肥投入；槟榔园应保持良好的植被，保留一定的杂草和矮小灌木，除草主要采用人工除草，尽量不要采用化学除草，减少化学药剂存留物对槟榔植株的影响，充分利用槟榔废弃物，成龄槟榔园每公顷每年凋落的叶片、花苞、果穗及淘汰的果实等废弃物有5~7吨，将这些废弃物进行有效利用，既可提高槟榔园的土壤肥力，又可减少槟榔园病虫害的发生和流行。另外，有条件的槟榔园尽量发展林下经济，以增强槟榔园生态系统的循环利用。

4.2.3 加强槟榔园管理

海南槟榔多为农民自发种植，种植较分散，农民很少在槟榔种植过程中给予病虫害管理和施肥，也很少积极主动地学习种植技术。槟榔生长发育过程中和开花结果后，对营养需求较大，特别是槟榔的花果期长达9个月，消耗养分较多，导致养分得不到补充而造成槟榔生长速度大大放慢或挂果率降低，产量逐年降低，应注重槟榔生产全过程的养分供给。建造良好的排灌系统，保证槟榔种植过程中的水源供给。

天然橡胶产业发展情况及形势预测

天然橡胶对气候条件比较敏感，一般要求年日照时数要在 2 000 小时以上；生长期对温度较敏感，要求最高温度在 29~34℃，最低温度在 20℃左右；同时橡胶树耗水较多，一般要求年降水量在 2 000 毫米以上，平均相对湿度在 80%；橡胶树怕较强的风，年平均风速≥2.0 米/秒的地区，胶树就不能正常生长。

2016 年全球橡胶种植面积为 1 440.8 万公顷，同比增长仅 0.40%，其中天然橡胶生产联合会（ANRPC）成员国种植面积为 1 205.8 万公顷，同比增长 0.35%；2016 年全球收获面积约为 1 061 万公顷，比 2015 年增加 21 万公顷，其中 ANRPC 成员国收获面积共 896.1 万公顷，比 2015 年增加 24 万公顷，开割率为 74.3%；2016 年全球天然橡胶产量为 1 237.9 万吨，同比增长 1.19%，其中 ANRPC 成员国的天然橡胶产量为 1 116.9 万吨，总产量比 2015 年增产 1.23%；受价格低迷影响，出现放弃割胶和断续割胶现象，单位面积产量略有下降，2016 年，全球天然橡胶单位面积产量每公顷 1 166 千克，ANRPC 成员国平均单位面积产量每公顷 1 246 千克，比 2015 年下降 1.5%。

1 世界天然橡胶产业发展基本情况

1.1 国外情况

1.1.1 生产情况

天然橡胶生产与消费主要集中在东南亚地区，大都是发展中国家。根据国际橡胶研究组织（IRSG）统计，2016 年世界天然橡胶产量为 1240 万吨，其中亚太地区产量为 1 142 万吨，占世界总产量的 92.10%；

欧洲、中东和非洲产量为 64.5 万吨，占世界总产量的 5.20%；美洲产量为 33.6 万吨，占世界总产量的 2.70%，表 1-1 列举了 2007—2016 年世界天然橡胶的生产区域分布情况。

表 1-1　2007—2016 年世界天然橡胶的生产区域分布情况

（单位：万吨）

地　　区	2007	2008	2009	2010	2011
亚太	937.7	940.3	904.7	966.2	1 046.4
欧洲、中东和非洲	46.0	44.7	42.3	46.4	47.1
美洲	22.0	24.8	25.3	26.7	30.3
世界	1 005.7	1 009.8	972.3	1 039.3	1 123.9
地　　区	2012	2013	2014	2015	2016
亚太	1 085.0	1 141.6	1 124.2	1 134.0	1 142.0
欧洲、中东和非洲	49.7	53.9	56.5	59.7	64.5
美洲	31.2	32.6	33.5	33.4	33.6
世界	1 165.8	1 228.2	1 214.2	1 227.1	1 240.1

亚太地区按 2016 年国际橡胶研究组织监测的产量排名，主要生产国依次是泰国、印度尼西亚、越南、中国、马来西亚、印度、缅甸、柬埔寨、菲律宾、斯里兰卡、老挝、孟加拉国、巴布亚新几内亚。

1.1.1.1　泰国

1901 年泰国第一次开始种植橡胶，从 1991 年起，泰国取代了马来西亚，成为世界天然橡胶生产和出口大国，直到现在泰国仍然是世界上天然橡胶生产和出口最多的国家。2016 年生产天然橡胶 446.9 万吨，产量占世界天然橡胶总产量的 36.04%；其生产的橡胶约 20%用于国内消费，其余出口。其全球最大产胶国地位的确立得益于其绝佳的自然环境优势以及政府扶植政策的推动：①泰国气候条件及地理位置适合天然橡胶生长。在泰国东部地区 18 个府中，宜栽面积达 250 万公顷；②政府重视发展橡胶产业，给予多项补助扶持政策，包括发放补助及收储等。受政策推动影响，橡胶种植面积不断增长，奠定泰国橡胶大国的地位。图 1-1 显示了 2007—2016 年泰国天然橡胶产量的变化情况。

泰国天然橡胶生产的主要品种有 RSS、STR10、STR20，其中烟片胶

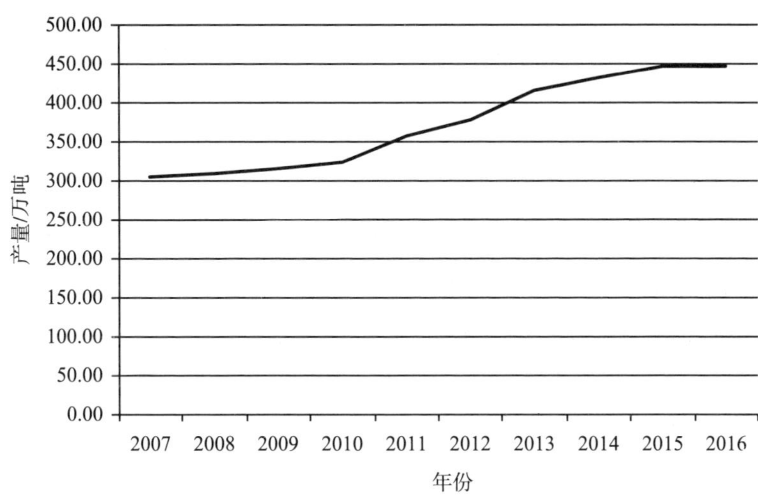

图 1-1　2007—2016 年泰国天然橡胶产量的变化情况

的出口占 47%，标准胶（约占 36%），乳胶（约占 17%）；烟片胶中的 RSS3 占 81%、RSS4 占 16%，生产的标准胶以 STR20 为主，占 70%，STR10 占 10%。主要的种植区域是南部、北部、东部，其中南部的产量占全国总产量的 70%以上，现在泰国新增加的胶林主要在北部，南部种植面积已经饱和，北部的产量逐渐上升，图 1-2 显示了 2007—2016 年泰国橡胶生产的主要品种情况。

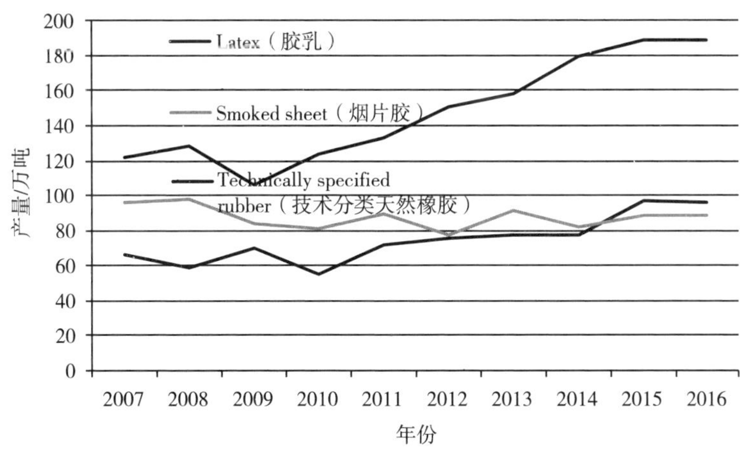

图 1-2　2007—2016 年泰国橡胶生产的主要品种情况

1.1.1.2 印度尼西亚

印度尼西亚是典型的热带雨林气候，年平均温度 25~27℃，无四季分别，北部受北半球季风影响，7—9 月降水量丰富，南部受南半球季风影响，12 月、1 月、2 月降水量丰富，年降水量 1 600 ~2 200 毫米。天然橡胶产量仅次于泰国，种植面积居世界首位。2016 年生产天然橡胶 320.81 万吨，占全球总产量的 25.87%。印度尼西亚天然橡胶种植园主要分布在高温、多雨的苏门答腊岛和加里曼丹岛；标准胶占比大是印度尼西亚天然橡胶生产最明显的特点。

印度尼西亚天然橡胶种植园分三种类型：个体胶农（小农场主胶园）、国有种植园和私有种植园。其中个体胶农种植占居主要地位，种植面积占全国植胶面积的 80%以上。图 1-3 显示了 2007—2016 年印度尼西亚天然橡胶产量的变化情况。

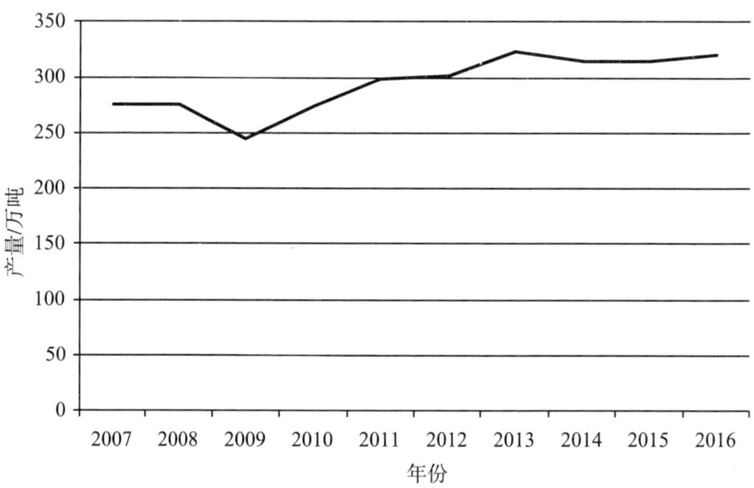

图 1-3　2007—2016 年印度尼西亚天然橡胶产量变化情况

从图 1-3 中可以看出，近几年来印度尼西亚天然橡胶产量呈现走高趋势，印度尼西亚天然橡胶生产上标准胶独占鳌头，产量占天然橡胶总产量的 96%以上。印度尼西亚标准胶包含的型号主要有 SIR20#、SIR10#、3L、3CV 和少部分其他品种，其中 SIR20#占标准胶总产量的 94%以上；其次是烟片胶，烟片胶有 RSS1#、2#、3#、4#、5#，其中以印度尼西亚 1#烟片为主，占 80%以上；天然乳胶产量较少，年产 5 000 ~10 000 吨。

1.1.1.3 越南

越南1897年开始引种种植橡胶，1913年法国殖民时期建立了专业的橡胶研究院，指导越南橡胶栽培发展，但因历史原因未得到大发展。近年来越南成为迅速崛起的新兴天然橡胶生产国，天然橡胶产量排名世界第3位，天然橡胶在其国民经济中占有重要地位，成为仅次于大米和木器的第三大农林出口产品。2015年越南天然橡胶产量101.27万吨（首次产量超百万吨），生产的天然橡胶大部分以胶乳的形式出口，只有18%的胶乳在越加工。2016年越南天然橡胶产量延续2015年增产势头，但增幅有限，达到103.21万吨，理由如下：①越南橡胶可割胶面积增量明显，2007—2010年，天然橡胶新增种植面积快速增长，对应可割胶面积亦上涨明显；根据胶龄分布情况，进入可割期和旺产期橡胶树占比突出；②2016年东南亚地区遭遇厄尔尼诺，影响胶树生长，但随后而来的拉尼娜带来丰沛降水，利于胶树生长但影响割胶工作展开，产量增加有限；③越南作为国际三方橡胶理事会的观察方虽表示配合其限产政策，但因国内政局情况，不会贸然缩减橡胶供给。联合限产政策以来，越南橡胶出口较上年同期（3—4月）增加14.1万吨，同比增加24.3%，侧面反映越南国内胶农割胶积极性较高，或对稳定产量起到一定作用，2007—2016年越南天然橡胶产量变化情况见图1-4。

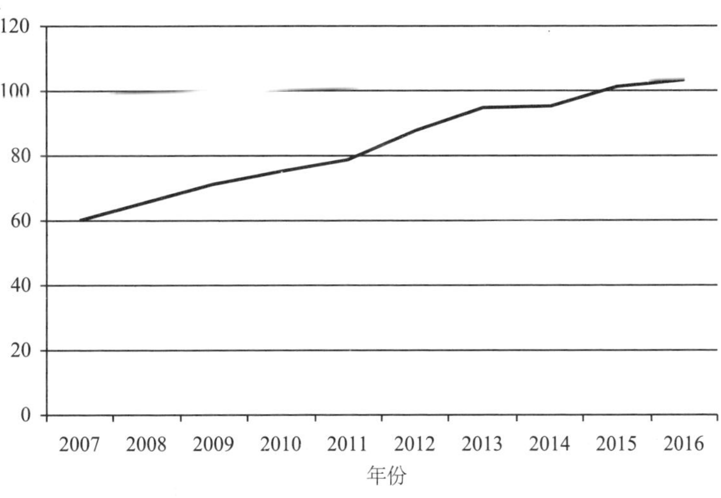

图1-4　2007—2016年越南天然橡胶产量变化情况

越南天然橡胶生产的主要品种有 SVR3L、SVR10、SVR20；主要产区是东南部和中部高原地区，南部是其传统植胶区，越南橡胶总公司是越南最大的橡胶生产商，产量占越南橡胶总产量约 70%。

1.1.2 市场情况

2016 年全球天然橡胶出口量为 987 万吨，与 2015 年基本持平。ANRPC 成员国出口天然橡胶 898.9 万吨，比 2015 年减少 2.1 万吨，泰国、印度尼西亚、越南、马来西亚的出口量分别为 387.3 万、252.8 万、118.6 万、107.7 万吨，占 ANRPC 出口总量的 96.4%；2016 年全球天然橡胶进口量为 1 043 万吨，比 2015 年增加 0.38%，ANRPC 成员国进口天然橡胶 602.1 万吨，比 2015 年增加 3.2 万吨，中国、美国、日本、马来西亚进口 416 万、96.4 万、67.8 万和 86.6 万吨；经过连续 3 年全球天然橡胶供应减缓，全球天然橡胶供应逐渐出现偏紧，从 8 月底开始，在全球天然橡胶消费需求增速明显大于供应增速、原油价格复苏和人民币贬值等多方面因素影响下，天然橡胶价格逐步回升，2016 年国际市场 SMR20 年平均价格为每吨 1 374 美元，比 2015 年增长 0.8%，RSS3 年平均价格为 1 647 美元/吨，比 2015 年增长 3.6%。

1.1.3 天然橡胶消费

亚太地区也是天然橡胶的主要消费区域，从表 1-2 中可以看出，近年来亚太地区天然橡胶的消费量占世界总消费量的比例达 70%以上，并且在波动中逐步上升，表 1-2 列举了 2007—2016 年亚太地区天然橡胶消费量占世界总消费量的比例。

表 1-2 2007—2016 年亚太地区天然橡胶消费量占世界总消费量的比例

年份	2007	2008	2009	2010	2011
比例/%	64.96	66.46	73.72	70.20	68.81
年份	2012	2013	2014	2015	2016
比例/%	71.46	72.36	73.20	72.78	73.22

中国是亚太地区最大的天然橡胶消费国，也是世界上天然橡胶第一大消费国，目前中国天然橡胶消费量占亚太地区天然橡胶消费量的 50%以上，并且还呈现逐步增加的趋势；占世界天然橡胶消费总量的比例接

近40%。表1-3列举了2007—2016年中国天然橡胶消费量占亚太地区、世界消费总量的比例情况。

表1-3 2007—2016年中国天然橡胶消费量占亚太地区、世界总消费量的比例

年份	2007	2008	2009	2010	2011
占亚太比例/%	43.16	43.55	49.03	48.50	47.92
占世界比例/%	28.04	28.94	36.15	34.05	32.97
年份	2012	2013	2014	2015	2016
占亚太比例/%	49.28	51.63	53.88	52.97	52.71
占世界比例/%	35.22	37.36	39.44	38.55	38.60

印度是亚太地区第二大天然橡胶消费国，也是世界上天然橡胶第二大消费国，目前印度天然橡胶消费量占亚太地区天然橡胶消费量的10%以上，占世界天然橡胶消费量的比例也达到8%。表1-4列举了2007—2016年印度天然橡胶消费量占亚太地区、世界消费总量的比例情况。

表1-4 2007—2016年印度天然橡胶消费量占亚太地区、世界总消费量的比例

年份	2007	2008	2009	2010	2011
占亚太比例/%	12.92	13.02	13.11	12.49	12.61
占世界比例/%	8.39	8.65	9.66	8.77	8.68
年份	2012	2013	2014	2015	2016
占亚太比例/%	12.51	11.63	11.38	11.17	11.20
占世界比例/%	8.94	8.41	8.33	8.13	8.20

1.1.4 科技进展

在基因组学方面，Yamashita1利用麦胚翻译系统重构了橡胶粒子体外合成天然橡胶体系，首次证明HRT1与HRBP、ERF、SRPP以复合体形式存在于橡胶粒子膜上。在病虫害防控领域，斯里兰卡采用芽接大树换冠的办法将感病的品系更换成抗性品系，解决了棒孢霉落叶病的防治问题；巴西Suarez选育出高产且对南美叶疫病免疫或高抗的新品系。在生态环境领域，马来西亚Ratnasingam研究认为橡胶林具有较高的生长速率，采伐剩余物和残落物多于天然林；Yang研究认为橡胶林的固碳潜力高于农作物地、草地等非林地，但远低于天然林；Sergey研究认为在非传统和高海拔地区植胶，一定程度降低了橡胶林的固碳潜力。在产业经济研究领域，Aye Khinet、Han Hwa Goh 等研究了汇率波动对天然橡胶价格的影响；Akanksha Gupta 等研究认为期货交易活动是现货波动的主要原因；Y. Melba 研究认为价格是解释产出增长的重要因素。

1.2 国内情况

1.2.1 生产情况

2016 年年底，中国橡胶种植面积为 1 737 万亩，与 2015 年基本持平。受胶价持续低迷影响，割胶意愿较低，潜在产能没有挖掘，全国天然橡胶产量 77.4 万吨，比 2015 年减产约 4.2 万吨，但仍位列世界第四大产胶国。

1.2.2 市场情况

1.2.2.1 进出口贸易

据海关总署数据显示，2016 年，中国进口天然及合成橡胶（含胶乳）共计 581 万吨。其中，进口天然橡胶烟胶片 20 万吨，胶乳 43 万吨。2016 年中国进口烟片胶主要来源国情况见表 1-5，2016 年中国进口胶乳主要来源国情况见表 1-6。

表 1-5 2016 年中国进口烟片胶主要来源国情况

国家	泰国	缅甸	越南	老挝	印度尼西亚	柬埔寨	马来西亚
烟片胶/吨	134 538	32 487	18 638	7 421	6 762	4 324	742

资料来源：海关信息网。

表 1-6 2016 年中国进口胶乳主要来源国情况

国家	泰国	越南	马来西亚	老挝	缅甸
胶乳/吨	390 170	19 624	9 539	2 509	1 840
国家	印度尼西亚	印度	利比里亚	喀麦隆	台澎金马关税区
胶乳/吨	1 767	300	156	120	8

资料来源：海关信息网。

泰国、越南、马来西亚、印度尼西亚为中国天然橡胶的主要来源国，从四国进口的天然橡胶总量约占中国天然橡胶进口总量的 90%以上。具体来看，2016 年，越南进口的天然橡胶暴增 40.19%，超越马来西亚，成为中国天胶进口的第二大来源国。由于成本偏高，近两年马来西亚橡胶种植面积下滑非常明显，加上 2016 年受恶劣天气影响，马来西亚橡胶减产 5.37%，出口市场受到影响。而越南橡胶产业发展迅速，现在产量已经超过 100 万吨，橡胶多是通过混合橡胶名义进口到中国，成本占据一定优势。此外，缅甸、老挝进口的天然橡胶数量虽不能与上述四国相比，但较 2015 年有明显增加，增长空间较大。

1.2.2.2　价格

与 2015 年相比，2016 年天然橡胶价格大幅上涨，年初价格为 9 760 元/吨，年末价格为 16 380 元/吨，全年涨幅为 67.83%。且天然橡胶价格波动规律性明显。1—2 月的价格低迷期；3—4 月的小幅上涨期；到 5—9 月价格又出现波动；9—12 月的大幅上涨期。

1.2.2.3　消费

2016 年，虽受美国“双反”调查影响，但欧盟市场需求回缓，印度、中东和非洲等新兴市场出口增加，国内重卡及其轮胎需求增加，中国天然橡胶消费量相应增加，2016 年消费量为 486 万吨，比 2015 年增加 3.8%。

1.2.2.4　库存

中国天然橡胶的库存形式主要有三种，即产区橡胶厂和胶农库存、青岛保税区现货库存和最终用户（工厂）库存。当中国进入天然橡胶生产淡季的时候，加之进口量减少，库存量就会随之减少，以供给国内天然橡胶下游消费市场的需求。由于中国及主产国受恶劣天气的影响，2016 年天然橡胶的期货市场动荡剧烈，却依旧火热。期货市场库存量方面，截至 2016 年 12 月 23 日，沪胶库存量增加 7 201 ~282 020 吨，其中注册仓单增加 12 570 ~221 430 吨，实盘压力有所加重。在库存及期货的双重作用下，中国天然橡胶的市场价格及动态变得更加难以预计。

1.2.3　科技进展

在育种领域，田维敏研究组揭示了茉莉酸信号传导途径、钙信号等可能是次生乳管分化调控网络的重要组分；唐朝荣研究组还首次发现了 REF/SRPP 在基因组上成簇排列，这对于解析橡胶树产胶机制有重要的意义。在栽培土肥领域，王军研究组采用无性系做砧木，发现接穗的发育阶段对砧穗形成角度影响显著，育苗时要高度重视芽片的质量；孙海东等研究发现交换性铝是酸性土壤酸度的主要贡献者，Na^+和Mg^+盐基离子淋失是加速胶园土壤酸化的一个重要影响因素；茶正早研究组正在研发保水缓控释橡胶专用肥料；杨丽萍等正在研发云南山地胶园专用肥料。在割胶领域，曹建华、陈少华等都先后设计出了不同样式的机械化自动化割胶工具，正在开展试割试验；王真辉研究组调查发现死皮率随割龄增长呈现出快速上升趋势，研发出一种死皮康复药剂，对四、五级死皮树具有一定疗效；张义研究认为监测硫醇含量变化是死皮胶乳诊断的关键因素；李德军研究组发现死皮树中的 IPP 合成途径及下游基因被显著抑制，这对于理解橡胶生物合成的反馈调控机制有重要意义。在生态环境领域，刘少军构建了中国橡胶分布与气候因子的关系模型，并给出了 80%气候保证率下中国橡胶树稳产高产的种植北界；朱美玲等研究认为橡胶树人工林生态系统总碳储量为 160. 01tC/ha。在产业经济领域，侯冰凌等构建了 ARIMA 模型预测橡胶未来短期价格；魏宏杰等认为橡胶的金融产品属性加剧了价格的波动；樊孝凤等构建了全乳胶价格与美元指数之间的关系模型；刘锐金研究了利率冲击对橡胶价格的影响。在产业布局方面，傅国华研究组提出了中国-东盟天然橡胶空间产业链的构建思路与对策。

2　中国天然橡胶产业分区域发展情况分析

2.1　各主产区天然橡胶生产情况

2.1.1　海南省

2016 年海南省橡胶种植面积 811. 40 万亩，产量 35. 14 万吨。海南橡胶种植主要集中在中部和西部地区。其中儋州的种植面积最大，达到 88 915 公顷，白沙县、澄迈县以及琼中县的种植面积也都超过 5 万公顷。这四个地区的橡胶产量占海南橡胶总产量约 50%。

由于近几年胶价较低，弃管弃割现象严重。民营胶园弃割率、弃管率分别高达 59%、80%以上；海胶集团弃割率、弃管率分别高达 30%、

50%以上。由于橡胶收入锐减，胶工不得不另辟途径从事其他产业以维持生计，导致胶工流失严重。因此，2016 年海南省部分市县在产业结构调整中，已开始减少橡胶种植面积。

2.1.2 云南省

2016 年云南省植胶面积 887.60 万亩，产量 44.86 万吨。橡胶种植面积较 2015 年约减少 10 万亩。云南省尚有 400 多万亩幼龄胶园未开割，随着这部分胶园的逐年开割投产，全省投产面积可达 650 万亩，总产量有 50%以上的提升空间。通过进一步加强基地建设，提高橡胶管、养、割水平，单位面积产量水平还能提高 10%以上，全省橡胶总产量峰值可达 70 万吨以上，可持续保持国内领先和国际先进水平。

2015 年中央一号文件提出“启动天然橡胶生产能力建设规划”，并将天然橡胶纳入林业有关补贴政策，继续实施良种补贴、农机补贴等多项扶持政策。《国务院关于支持云南加快建设面向西南开放重要桥头堡的若干意见》中，更加明确地提出了“鼓励云南农垦企业整合以天然橡胶为主的优势产业，培育橡胶龙头企业集团，建设立足国内、辐射东南亚和南亚的橡胶主产区”。云南省《关于加快高原特色农业发展的决定》将天然橡胶作为重点打造的六大特色优势产业之一。国家“一带一路”倡议、大湄公河次区域合作升级版、孟中印缅经济走廊建设等都把天然橡胶作为重要内容。缅甸、老挝、越南等周边国家植胶自然条件较云南热区更为优越，适宜种植天然橡胶的土地面积超过 1 500 万亩。云南省在天然橡胶产业方面具有技术和组织优势，利用国内外“两种资源、两个市场”，加快“走出去”发展步伐，积极开展多层次、多方式的农业合作，扩大生产规模，可实现在境外为国家再造一个优质、可控的天然橡胶生产基地的目标。

2.1.3 广东省

2016 年广东省橡胶种植面积 63.84 万亩，产量 1.57 万吨，主要位于西南部和东南部，包括湛江、茂名、阳江、揭阳、汕尾植胶区。广垦橡胶集团在泰国、马来西亚、印度尼西亚、新加坡、柬埔寨等国家陆续建立了 20 多个橡胶种植、加工及贸易企业，橡胶产能 50 万吨，规划种植面积 300 余万亩的规模，是中国拥有最大海外天然橡胶种植、加工基地的跨国企业。

广东农垦通过投资 18 亿元收购全球第三大天然橡胶生产企业泰国泰华树胶公司约 60%的股份，该集团旗下的广垦橡胶集团已经拥有 200 万亩的天然橡胶种植面积，年加工能力达到 150 万吨，一跃成为全球最大的天然橡胶全产业链经营企业。

2.2 各主产区天然橡胶市场情况

2016 年年初云南天然橡胶市场民营全乳报价 9 700 ~9 900 元/吨，云南民营 5#报价 8 900 元/吨，云南民营 10#报价 8 700 元/吨，此后价格均是一路攀升，到 12 月 29 日全乳胶价格达到 16 500 ~16 600 元/吨，国产标准胶（SCRWF）云南电子商务中心成交价格 20 568 元/吨，环比上涨 4 839 元/吨。

2016 年年初，海南橡胶市场持续低迷，干胶收购价格曾跌破了每吨 9 000 元的价格，但从 9 月开始，天然橡胶价格开始波动上涨，至年底天然橡胶价格连续看好。截至 12 月 12 日，天然橡胶期货价格一度逼近 2 万元/吨，创近 3 年以来新高。

2.3 各主产区天然橡胶加工情况

海南天然橡胶产业集团股份有限公司下设 13 家大型加工厂，实行规模化、集约化加工，年加工能力超过 32 万吨（折干计）。2016 年海南天然橡胶产业集团股份有限公司干胶产量约 14.39 万吨，主导产品为全乳胶、浓缩胶乳、5 号、10 号、20 号标准胶、子午线轮胎橡胶、航空轮胎标准橡胶等，公司拥有“宝岛”“美联”“东太”“五指山”等一系列知名品牌，其中“宝岛”“美联”“五指山”牌系列产品多次被评为“中国著名品牌”；“宝岛”牌 5 号标准橡胶、“美联”牌氨保存离心浓缩天然胶乳被中国质量协会授予“全国用户满意产品”称号；“美联”牌氨保存离心浓缩天然胶乳被评为海南省名牌产品。

海南省民营橡胶加工厂共 87 家，分布在 16 个市县，其中澄迈 16 家、琼海 10 家、屯昌和临高各 9 家，4 个市县共计 44 家，占全省总数的一半。民营胶场普遍存在加工规模小的特点，全省民营胶厂年总产能 30 万吨左右。

云南农垦天然橡胶初加工厂 40 座，其中浓缩胶乳厂 1 座，SCR5、

SCR10、SCR20标准胶厂28座，烟片胶厂11座（主要集中在德宏州）；云南农垦橡胶初加工厂现生产能力近1 000吨/日，年生产能力20万吨，产品主要有SCR5、SCR10、SCR20胶、烟片胶、高氨浓缩胶乳和胶清胶等，注册产品品牌有“云象牌”“东风牌”“金凤牌”等。

云南民营橡胶现有橡胶初加工厂82座，产品主要有烟片胶、SCR10和部分SCR5，目前只有勐马胶厂注册产品品牌。

广东省植胶区拥有80余万亩橡胶种植基地，通过购置、租赁、合作等多种形式在云南和海南等橡胶主产区拓展经营10余家橡胶加工厂，橡胶产能超过20万吨。

2.4 天然橡胶各主产区的特点

海南的植胶区具有台风、土壤贫瘠等环境特点，这些特点阻碍了海南橡胶的单位面积产量提高。台风是造成海南橡胶单位面积产量低下的一个很重要的因素。海南多年经受台风，单位面积内橡胶树的保存率低。海南橡胶单位面积产量约为60千克/亩（平均数据）。海南的土壤肥力不如云南，橡胶的产胶能力也比云南更差。1954—1990年的36年间，海南垦区的胶园土壤养分呈现全面下降趋势，有机质下降25%~44%，全氮下降22%~40%，速效钾下降10%~55%。研究表明，胶树产量与胶园土壤养分有很大的正相关性，胶园养分短缺是胶树产量提高的限制因子；而长期施肥不足则是土壤养分下降的一个重要原因。海南的老龄胶园比例大，高产品种更新缓慢也是单位面积产量低下的一个原因。

云南植胶区无台风，气候较适宜，德宏、红河等植胶区寒害较严重，西双版纳适合大规模开发种植橡胶树，单位面积产量较高，平均可以达到100~110千克/亩。云南开割树平均保存率是33株/亩，海南开割树平均保存率是22~23株/亩，海南的单位面积株数比云南要少30%。

广东植胶区受寒害和台风双重影响较重，如台风“威马逊”于2014年7月18日在徐闻沿海登陆，平均风力14~17级，对雷州半岛橡胶树造成严重损害。调查发现，雷州半岛橡胶开割树受灾率100%、风害级别4.16级、断倒率76.12%、风害指数69.39；橡胶中小苗受灾率100%、平均风害级别3.09级、断倒率34.14%、风害指数51.50。目前广东农垦积极拓展植胶区，大力走出去，向国外拓展原料基地。

3 中国天然橡胶产业 2017 年形势预测

3.1 中国天然橡胶产量预测

按照天然橡胶 7 年生长周期测算，2017 年天胶产量对应的是 2010 年新种植的胶树，根据 ANRPC 提供的 2010 年新增种植面积以及更新种植面积，2010 年总种植面积较 2009 年有小幅增加，2017 年天然橡胶产量大约为 85 万吨，比 2016 年的天然橡胶胶产量略有增加。

3.2 中国天然橡胶国内外市场价格预测

2016 年期间，天然橡胶主产区异常天气比较多，且 2016 年正好是厄尔尼诺气候转向拉尼娜气候的年份，所以，在开割初期，东南亚地区遇到了较为严重的干旱天气，造成开割推迟。而到了下半年，高产期期间，因为东南亚产区雨水增多，胶农可开割天数较为有限，整体使得全年开割天数下降，产量被抑制。当然，影响 2016 年产量最重要的因素，还是基于前几年天然橡胶价格的持续下跌，东南亚产区弃割较为严重。而到了 2017 年，需要关注的反而是价格上涨之后，胶农割胶的积极性会否有极大的提高。从时间点上来看，在 4—5 月青黄不接的时候，价格配合上涨，则需要密切关注 5 月左右全球开割之际，一旦价格可以达到胶农的预期，只要天气正常就能激发胶农的割胶积极性。就全球产区的成本来看，国内最高成本为 15 000 元/吨左右，而东南亚产区的则更低，从这个角度去看，只要价格高于这个成本点，胶农的割胶就可以正常进行。

预计 2017 年泰国烟片胶年平均价为 1 631 美元/吨，较 2016 年上涨 11.3%。预计 2017 年沪胶活跃合约年平均价为 18 300 元/吨，较 2016 年上涨 10.9%。

4 中国天然橡胶产业发展制约因素及对策

4.1 中国天然橡胶面临的形势及存在的主要问题

4.1.1 天然橡胶市场快速走出底部的动力凸显

随着发达国家的经济复苏，农业供给侧结构性改革迅速推进，2016

年天然橡胶市场逐渐回暖，特别是 11 月以来，天然橡胶价格在多方面影响因素的促进下升速飞快，中国天然橡胶市场快速走出底部的动力凸显。

4.1.2 产胶国限产政策分析

2016 年年初，由泰国、印度尼西亚和马来西亚组成的国际橡胶三方委员会（ITRC）同意实施出口吨位计划（AETS），自 2016 年 3 月开始的六个月里共削减 61.5 万吨橡胶出口量，约占全球天然橡胶产量的 6%，其中泰国将削减 32.4 万吨出口量，印度尼西亚削减 23.874 万吨，马来西亚削减 5.226 万吨。此次事件将导致全球天然橡胶现货价格出现明显上涨。此后，胶价上升到 4 月下旬，生产国此项政策起到了重要作用。

主要生产国限制出口政策在一定程度上减少了天然橡胶的新生产量，消化现有库存，保证了天然橡胶国际市场的价格，有利于全球天然橡胶走出产业低谷。

4.2 中国天然橡胶产业发展建议

4.2.1 组织橡胶生产技能队伍

橡胶产业的发展，关键是要提高广大胶农的整体素质，组织有文化、懂技术、会经营管理、具有一定专业知识和技能的新型胶农队伍，充分发挥胶农对橡胶产业发展的主体作用。2015 年到云南产区走访调研了解到，胶农能接受的胶水最低价位在 12 元/千克左右，而 2015 年时胶水价格跌至不足 10 元/千克，生活陷入困境，有能力的胶工纷纷选择外出打工。经过 2016 年第四季度的强势反弹，价格已经得到一定回升。现在的价格已经吸引了少部分人重新从事割胶工作，加快组织橡胶生产技能队伍。

4.2.2 发展新型橡胶农民合作社

新型农民合作社是介于政府与市场之间的农民公益性组织，作为对政府和市场之外的有益补充，承担着管理农村社会经济事务的职能。新型农民合作社应集合作经济组织、规范管理团体和行政辅助机构三位于一体，国家专门制订新型农民合作社规范制度，对符合规范制度标准的新型橡胶农民合作社，加强合作社内部专业技能的培训，政府给予合作社专项技术培训经费，给予农业科技成果的引进和推广专项补贴；对合作社经营性和会员生产性设施建设，政府给予补贴和信贷支持，政府授予合作社各种专营权，如胶水收购的干胶测定仪和胶水运输车、化肥专卖等给予经费补贴和信贷贴息支持等。

4.2.3 推广新割制及电动割胶刀

传统的割胶方法是当橡胶树干周长达到 50 厘米时（通常是种植 7 年之后）开始割胶，沿着橡胶树外周螺旋形割 1/2 圈，两天割一刀。开割后橡胶树每年的树干周长会比开割前少增加 2 厘米。若采用四天一刀或五天一刀的割制，橡胶树干每年的生长率并不会降低。同时，每年施用橡胶树生长刺激剂，胶乳产量不会降低。推广电动割胶刀，降低割胶人工成本。

印度橡胶协会正推行一种新的割胶方法：只割橡胶树圆周的 1/4 圈，代替之前沿螺旋线割 1/2 圈。用这种新的方法，割胶量减少了一半，胶工一天能割更多棵树。

4.2.4 建设核心胶园

对现有橡胶进行结构性调整，建议选择在橡胶生产基础好、集中连片、每亩有效割株多于 25 株、正处于收获旺期的橡胶树建设核心胶园，提高橡胶经营管理水平，稳定提高胶园单位面积产量。在“十三五”期间，西双版纳和海南重点支持建设 400 万亩核心胶园，每年重点支持各建设 40 万亩核心胶园。同时配套支持建设防护林，减少台风的破坏。

4.2.5 发展林下经济

橡胶中小苗生长期达 6 年左右，可在此期间大力发展间种、套种；进入生产期后，可以充分利用林下空间发展林下经济。一是在橡胶园下种植牧草或保留自然生长的杂草，在周边地区围栏养殖鸡、鹅等家禽；林地生产的禽类产品市场好、价格高，属于绿色无公害禽产品。二是林间种植牧草可发展牛、羊、兔等养殖业。三是胶园林地养殖肉猪，由于林地有树冠遮荫，夏季阴凉，更适宜家畜的生长。四是橡胶林下可种植辣椒、牛大力、魔芋、粽叶、益智、南芪、香蕉、菠萝、木薯等。五是在橡胶林下间作种植食用菌，食用菌生性喜阴，林地内通风、凉爽，为食用菌生长提供了适宜的环境条件，可降低生产成本，简化栽培程序，提高产量，同时，食用菌采摘后的废料又是树木生长的有机肥料，一举两得。

棕榈油产业发展情况及形势预测

中国是食用油消费大国，目前中国食用油自给率不足40%，已超出国家战略安全警戒线。随着“粮油争地”矛盾加剧，油料生产发展缓慢，中国油脂消费严重依赖国外进口，其中棕榈油完全来自进口。棕榈油是全球产量最大的植物油品种，中国目前还无法实现油棕大规模种植，棕榈油消费完全依赖国际市场。中国棕榈油产业发展与国际市场紧密相关，棕榈油产业的可持续发展关系到中国食用油战略安全。

1 世界油棕产业发展基本情况

1.1 生产情况

根据美国农业部（USDA）统计①，2015—2016年度全球主要植物油总产量为177.15百万吨，比上年度增加3万吨。棕榈油产量自2004/05年度一直是全球第一大植物油，2015—2016年度为58.84百万吨，比大豆油多704万吨（图1-1）。

2015—2016年度全球棕榈油总产量为58.84百万吨，比2014—2015年度减少4.5%。棕榈油主产国主要包括印度尼西亚、马来西亚、泰国、哥伦比亚、尼日利亚（图1-2），这五国2015—2016年度总产量占全球总产量的91.84%，棕榈油生产具有高度集中的特征。印度尼西亚是棕榈油第一大生产国，2015—2016年度总产量为3 200万吨，占全球总产量的54.38%。其次是马来西亚，2015—2016年产量为1 770万吨，占

① 注：根据美国农业部统计规则，主要植物油品种的销售年度根据各个作物来确定，但主要集中在每年的十月至次年九月，如棕榈油。凡来自美国农业部的统计资料，均遵循这一统计规则。本文数据无特别注明，均来自USDA。

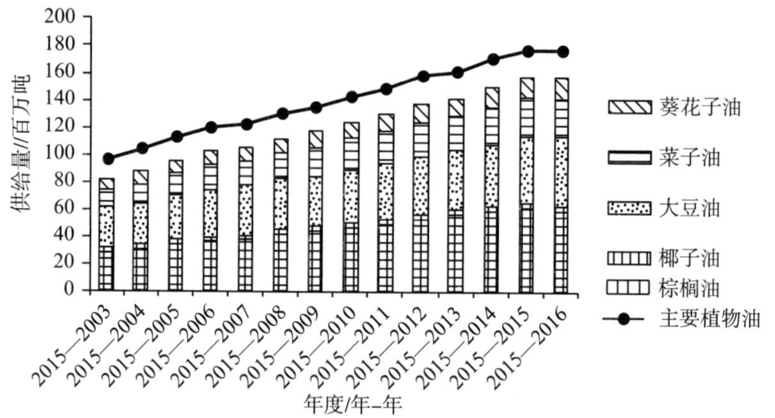

图 1-1　全球主要植物油供给量

全球总产量 30.08%。印度尼西亚和马来西亚棕榈油总产量合计占全球的 84.46%，这两国对国际棕榈油市场有强有力的话语权。

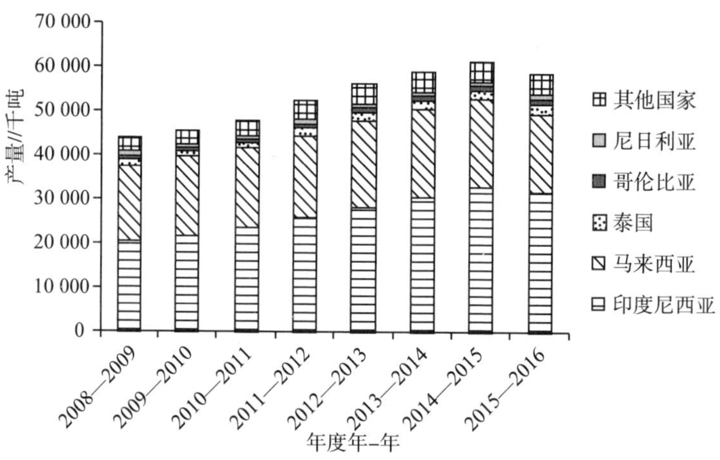

图 1-2　棕榈油主产国的产量

1.2　市场情况

1.2.1　进出口贸易

2015—2016 年度全球棕榈油出口 91%来自印度尼西亚和马来西亚，其中印度尼西亚出口 2 300 万吨，占全球出口量的 53%，占其本国当年产量的 71.89%；马来西亚出口 1 662.1 万吨，占全球出口量的 38%，占其本国当年产量的93.9%（图1-3）。马来西亚棕榈油产品主要用来出口满足国际市场需求，马来西亚棕榈油贸易经过长期的发展已经形成了一套完整的规则和体制，因此，马来西亚棕榈油的贸易政策和价格波动对国际市场影响很大，其期货价格也成为国际棕榈油定价基准。

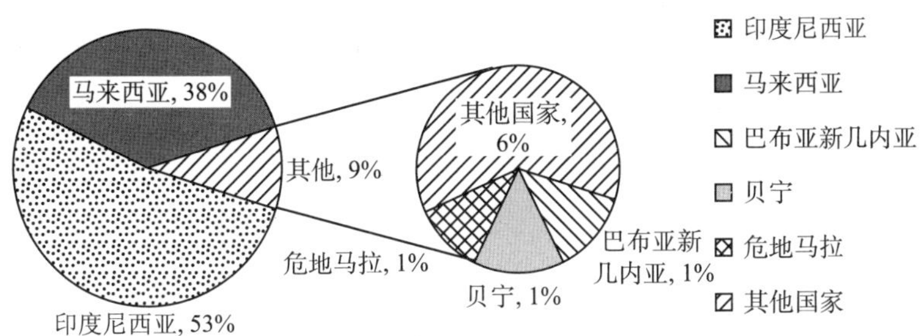

图1-3　2015—2016年度主要棕榈油出口国出口份额

2015—2016年度全球棕榈油进口总量为4 283. 4万吨。印度是棕榈油第一大进口国，2015—2016年度进口885. 7万吨，占全球进口量的20. 68%；其次是欧盟，进口663. 4万吨，占15. 49%；中国进口468. 9万吨，占10. 95%，居第三（图1-4）。印度和中国都是人口大国，食用油消费基数大，需求大。加之近年来棕榈油作为理想的生物燃料原料的特性得到广泛认同，发达国家（地区）采购棕榈油发展生物能源也推动了棕榈油国际贸易的发展。

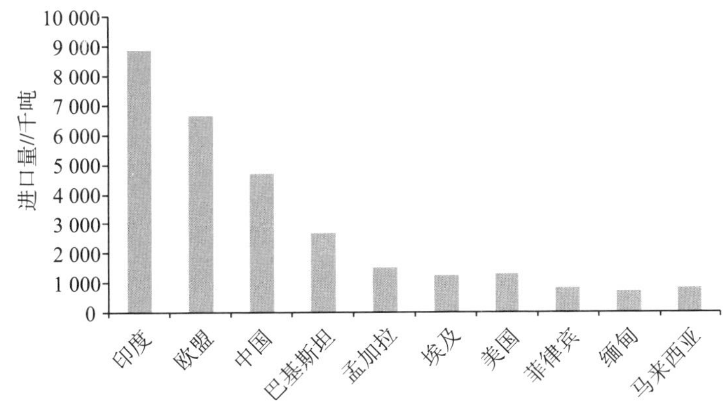

图1-4　2014—2015年度主要棕榈油进口国进口量情况

1.2.2 国际市场价格

根据图 1-5 主要植物油 2015—2016 年度月度价格变化来看，主要植物油价格在 2016 年年初价格波谷后，在 2016 年 8 月价格逐步提高形成一个波峰。棕榈油仍然具有价格比较优势，与其他植物油相比，棕榈油价格低廉、产量高，受市场青睐。但棕榈油与大豆油的价差逐渐缩小，大豆油与棕榈油市场竞争日趋激烈，棕榈油作为食用植物油的市场优势可能会逐步缩小。

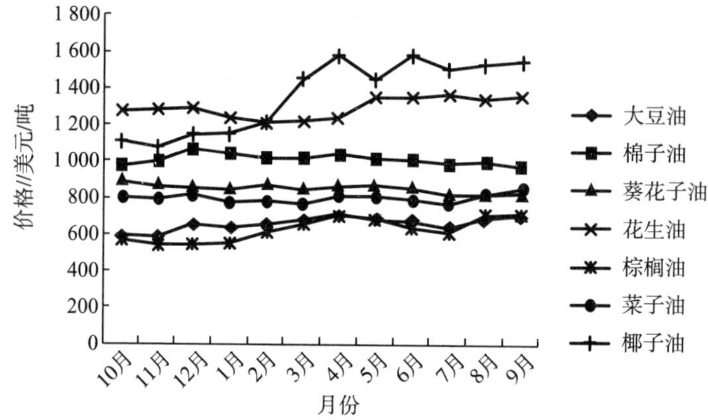

图 1-5 2015—2016 年度主要植物油的月度价格变化

注：大豆油、棉子油、花生油为美国植物油市场价格，葵花子油、菜子油、椰子油为荷兰鹿特丹 FOB 价格，棕榈油为马来西亚精炼棕榈油 FOB 价格。

图 1-6 是马来西亚毛棕榈油（CPO）当地交货价、精炼棕榈油（RBD）当地交货价、精炼棕榈油出口价。自 2015 年 10 月以来，棕榈油产品价格在震荡中上升。2015 年 10 月至 2016 年 12 月期间，棕榈油产品价格形成两个波峰，分别在 2016 年 4 月和 2016 年 9 月，价格在 2016 年 12 月形成新的高峰。价格波谷在 2015 年 11 月和 2016 年 7 月，但价格下降时间较多，上行劲头明显。马来西亚棕榈油产品价格可以用来反映世界棕榈油产区市场价格变动。2016 年下半年马来西亚棕榈油产品价格上行势头明显，可能会带来 2017 年国际市场棕榈油价格上涨。

西北欧市场植物油价格可以一定程度上反映全球棕榈油主要销区市

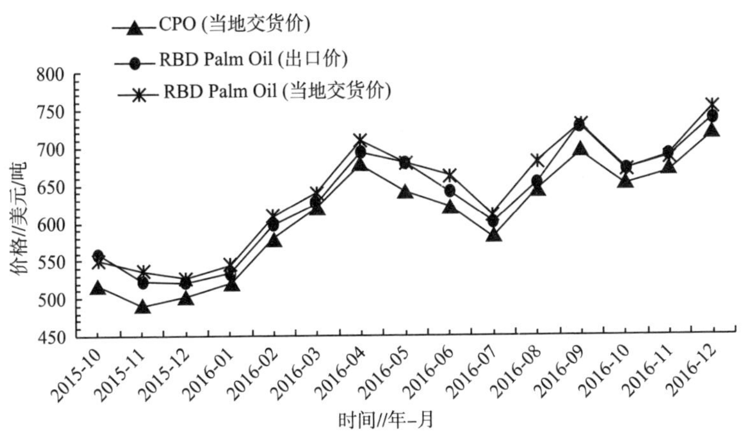

图 1-6　马来西亚棕榈油产品价格

资料来源：MPOB，IMF。

场价格情况。根据德国《油世界》（Oil Word）统计，毛棕榈油、大豆油、菜子油 2015 年 10 以来总体呈上升趋势，且 2016 年 12 月价格已经达到新的高点，预计 2017 年三大植物油价格都会继续上涨。从图 1-7 可以看出，西北欧市场棕榈油价格经历两个波峰，与马来西亚棕榈油产品价格走势一致，这也说明马来西亚棕榈油价格信息对国际市场价格有很强的引导力。

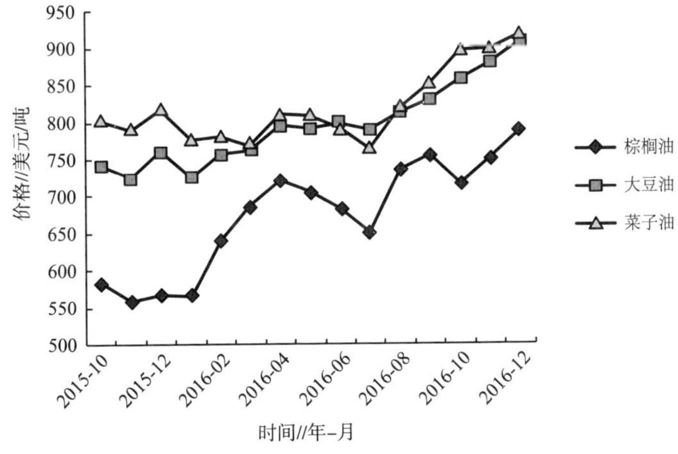

图 1-7　西北欧市场棕榈油价格

资料来源：Oil Word，转引自 MPOB。

1.2.3 消费结构

棕榈油主要用于食用和工业消费两大类，且以食用为主。从图 1-8 可以看出，2015—2016 年度棕榈油全球消费总量 60.05 百万吨，比 2014—2015 年度提高 3%。食用消费 42.43 百万吨，占全球总消费量 71%，比 2014—2015 年度比重下降 2%，工业消费 16.86 百万吨，占比提高 4%。得益于油脂加工技术的提高和生物能源需求增长，工业消费量不断增加，但增速缓慢。

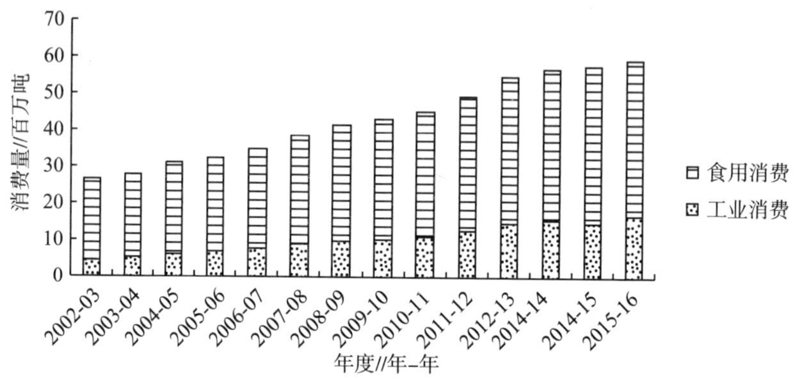

图 1-8 世界棕榈油消费结构

1.2.4 库存

库存量影响到棕榈油投放市场的供给量。2015—2016 年全球棕榈油期末库存量为 755.3 万吨，比 2014—2015 年度期末库存减少 12%。库存减少，新增产量降低，总供给量减少，导致 2015—2016 年度棕榈油市场价格比上年度增加。从国别来看，2015—2016 年度马来西亚棕榈油库存占比 7.31%，比上年度降低 4%，印度尼西亚库存占比与上年基本持平，世界库存占比 6.78%，比上年度降低 0.47。库存减少，一定程度上反映市场需求增加，棕榈油价格上行压力增加（表 1-1）。

表 1-1 2015—2016 年度棕榈油主产国库存、消费结构（单位：万吨）

项目	产量/万吨	总供给量/万吨	国内消费量/万吨	期末库存量/万吨	库存占比/%	国内消费占比/%
印度尼西亚	3 200	3 474.2	952.8	221.4	6.37	27.43
马来西亚	1 770	2 115.7	299	154.6	7.31	14.13

（续表）

项目	产量/万吨	总供给量/万吨	国内消费量/万吨	期末库存量/万吨	库存占比/%	国内消费占比/%
泰国	210	233.3	205.4	24	10.29	88.04
哥伦比亚	127.5	150.8	102	6.7	4.44	67.64
尼日利亚	97	156.4	150	4.6	2.94	95.91
世界	5 884.4	11 148.1	6 005.2	755.3	6.78	53.87

注：库存占比=期末库存量/总供给量，国内消费占比=国内消费量/总供给量。

1.3 科技进展

马来西亚油棕研究所（PORIM）是国际上开展油棕研究较先进的机构。PORIM 最先开展了油棕种质资源的大规模调查和收集，收集了包括非洲油棕和美洲油棕在内的大量种质资源。国际学术期刊《Nature》报道了马来西亚研究人员完成了非洲油棕和南美洲油棕的基因组测序，并揭示了非洲和南美洲油棕及其杂种的进化分离，其中非洲油棕基因组图谱有 18 亿个碱基序列，包含 3.5 万个基因，其中包括油生物合成基因，如脂肪酸（FAT）和三酰甘油（TAG）合成等，以及在核仁中高度表达的含油量相关转录因子 WRINKLED11（WR11）及其他转录调控因子，如 LEAFY COTYLEDON1（LEC1）、LEC2、ABSCISIC ACID INSENSITIVE3（ABI3）、FUSCA3、PICKLE（PKL）等，研究结果为油棕产量重要性状以及体细胞表观遗传变异基因的发现提供了可能。

为响应全球范围对发展可持续棕榈油的迫切要求，可持续棕榈油圆桌倡议组织（RSPO）于 2004 年成立，旨在通过推行全球标准、加强利益相关方参与，促进可持续棕榈油产品在全球的生产和使用。经过 10 余年的发展，生产使用可持续棕榈油已经成为越来越多响应者的共识。2016 年 RSPO 的全球会员数量比 2015 年增长了 15%，现已达到 2 945 家，包括 85 个国家。RSPO 可持续认证产品（CSPO）逐渐被全球认可，目前全球棕榈油消费量的 17% 为经过 RSPO 认证的可持续棕榈油。

1.4 产业特点

2015—2016 年度全球棕榈油总产量、总供给量比上年度略有下降，消费量比上年度增加，市场价格在动荡中上涨。油棕生长的地理位置、生物学性质等特征决定了棕榈油产地的集中，2015—2016 年度棕榈油生产和出口高度集中在印度尼西亚和马来西亚两国的特点没有改变，两大主产国的产量都比上年度下降。棕榈油产地市场价格以马来西亚棕榈油产品价格为基准，并且影响着全球棕榈油销区市场价格的走向。

2 中国棕榈油产业发展基本情况

2.1 生产情况

中国早在 1926 年就开始了油棕引种工作，但历次引种或因品种、技术、管理等主客观原因导致“失败”，并在 20 世纪 80 年代中期几乎全面停止了油棕的商业化栽培。除了中国热带农业科学院、云南省热带作物科学研究所、勐腊县林业局和海口市三江眼镜堂等做油棕引种实验研究外，其余油棕主要是作为行道树或园林树木，除了因交通或景观需要修剪叶片和少数地方有淋水及偶尔施肥外，基本上没有水肥管理，几乎没有病虫害管理，处于自生自灭状态。由于主要作为园林树木，油棕果实基本上没有采收利用，因此，目前中国油棕种植并没有产生直接的经济效益。

2.2 市场情况

2.2.1 中国棕榈油的进口情况

中国进口食用植物油主要包括豆油、棕榈油、花生油、橄榄油、菜子油和芥子油。2016 年中国进口食用植物油总量为 553 万吨，比 2015 年增长 2%。其中，棕榈油进口 316 万吨，比 2015 年减少 27 万吨，比历史高峰期 2012 年减少 206 万吨。自 1999 年以来，棕榈油一直是中国进口量最大的植物油品种，由于中国进口大豆量多，豆油进口量逐渐减少（图 2-1）。2016 年中国棕榈油进口量占世界总进口量的 10.95%，是世界第三大棕榈油产品进口国。

从月度进口量（图 2-2）来看，进口的高峰期在每年的 12 月到次年的 1 月，这是因为临近春节和春节期间，棕榈油进口贸易商会加大进

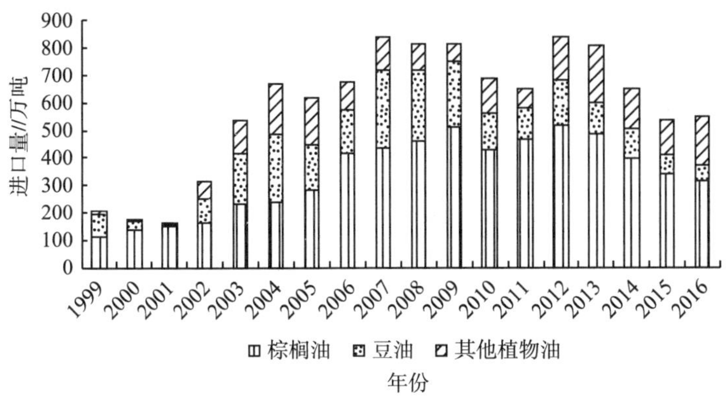

图 2-1 中国食用植物油进口结构

资料来源：海关信息网。

货量满足春节节日期间市场需求。每年 7—9 月进口量增加，这是因为中国进口棕榈油以食用为主，进口产品主要是 24℃棕榈液油，夏季常温下为液态，消费量大；冬季气温低易形成固态，影响食用，每年 2—3 月进口量小，棕榈油消费具有一定的季节性特征。但是近年来，随着科学技术的进步，具有无反式脂肪酸生成、无催化剂、不污染环境、能源消耗低、操作方便等优点的传统干法分离油脂改性技术取得很大进展，利用该技术已开发出 8~12℃、28℃、33℃、38℃、44℃、52℃等不同熔点的棕榈油产品，棕榈油消费的季节性特征将逐渐削弱。

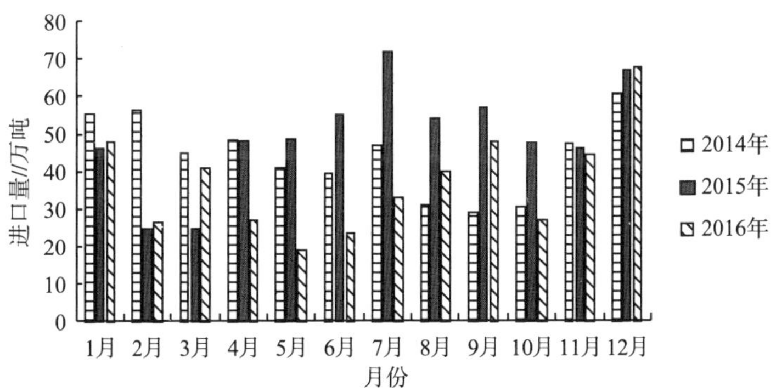

图 2-2 2014—2016 年中国棕榈油分月度进口情况

资料来源：海关信息网。

2.2.2 消费结构

从消费结构看，食用消费是中国进口棕榈油的主要用途。棕榈油除了用作起酥油、煎炸油外，还在世界范围内被广泛地应用于制取植脂鲜奶油、代可可脂，以及烘焙食品、方便面等食品领域。2015—2016 年度中国棕榈油国内总消费量为 485 万吨，比 2014—2015 年度减少 85 万吨，是 2008 年以来的最低消费量。其中，食用消费量为 280 万吨，比 2014—2015 年度减少 95 万吨；工业消费量为 205 万吨，比 2014—2015 年度增加 10 万吨（图 2-3）。

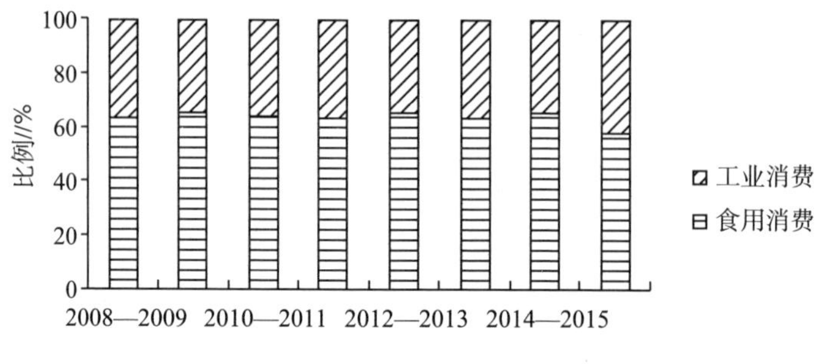

图 2-3　中国棕榈油消费结构

2.2.3 价格

根据海关信息网统计的 2006—2016 年月度进口量和进口额，可计算植物油月度进口均价。橄榄油价格均价在 400 美元/吨，远远超过其他植物油价格，没有列在图 2-4 中。中国进口花生油、棕榈油和菜子油价格在 2016 年下降，豆油价格上涨。棕榈油价格远远低于其他植物油。棕榈油低廉的价格也是中国棕榈油进口增长迅速的原因之一。2016 年棕榈油进口均价为 639 美元/吨，比 2015 年均价下降 16 美元/吨。2016 年最高价是 6 月 697 美元/吨，最低价格为 1 月 564 美元/吨。

2.2.4 加工、流通情况

中国棕榈油的国内供给完全依赖进口，因此，棕榈油加工企业的布局也是分布在进口港口周边地区。2016 年中国棕榈油进口分布在 17 个港口，主要集中在南京、黄埔和天津海关，这三个海关进口量占全国进口量的 73%，这反映了中国棕榈油进口口岸集中；棕榈油加工主要在南

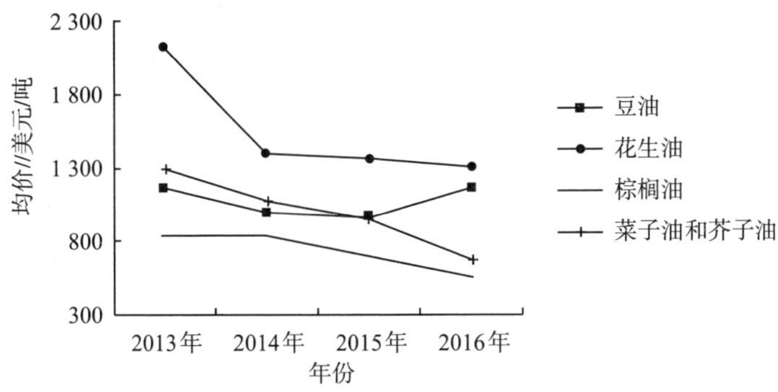

图 2-4　中国主要食用植物油品种月度进口均价

资料来源：海关信息网，棕榈油进口量和进口均价不包括棕榈硬脂产品。

京、广州、天津及周边的沿海城市，贸易商采取在进口口岸就地加工，之后再分销到国内各个市场（图 2-5）。大型的棕榈油加工企业围绕南京、广州、天津口岸建设，成为全国棕榈油贸易进口、加工、销售中心。

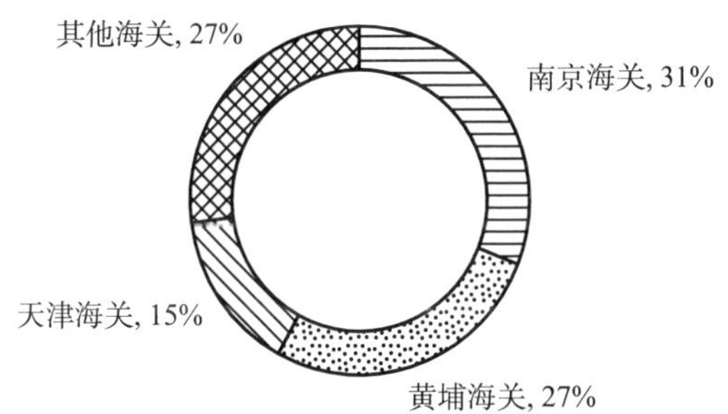

图 2-5　按港口划分 2016 年棕榈油进口量

资料来源：海关信息网。

2.3　科技进展

在油棕种质资源收集方面，中国热带农业科学院橡胶研究所于 2009 年开始开展散落各地油棕优异种质资源定位观测与收集评价研究，于 2015 年年底取得重大研究进展，开展油棕种质利用现状调研，在调研的基础上对油棕优异单株定点观测，筛选出一批表现优异的单株，同时收集其花粉、种子、实生苗等种质材料入圃保存，根据观察结果，结合热区信息资料，分析出中国热区油棕种植生产潜力，按 10 年平均价格 7 元/千克计，推测出中国油棕亩产值可以达到 2 380 元，推广油棕种植后可提高中国植物油自给率 10%。

在油棕引种试种方面，根据农业部《油棕品种区域适应性试种工作方案（2011—2020 年）》的统一部署，成立试种协作领导小组以加强对试种工作的领导。协作领导小组下设办公室，办公室设在中国热带农业科学院橡胶研究所，目前，参与试种单位包括海南、云南和广东热区的 7 个科研单位，建立了 7 个试种基地、2 个抗寒前哨点和 1 个抗旱试验基地，油棕试种协作网络初步建成。中国境外援建的首个油棕引种试种项目（瓦努阿图）2015 年取得重要成果，通过实地观测发现，油棕在瓦努阿图桑托岛的引种适应性表现喜人，油棕树不但长势好、林相整齐，而且结果率高、果穗大、果实饱满、无病虫害、也未出现风害影响。

2.4 产业特点

中国油棕生产目前还处于引种试种阶段，没有商业化种植。现存的油棕苗木主要作为园林树木，油棕果实基本上没有采收利用，油棕种植还没有产生经济效益。中国是棕榈油需求大国，棕榈油完全依赖进口，进口口岸主要是南京、广州、天津港口，棕榈油加工集聚效应明显。2016 年进口量比 2015 年略有下降，进口均价也比 2015 年略有下降，棕榈油仍然是价格最便宜的植物油，与其他植物油相比仍然具有价格优势。

3 中国棕榈油产业 2017 年形势预测

3.1 中国棕榈油进口量预测

棕榈油是纯进口产品，短期内国内无法实现规模生产，中国棕榈油进口量存在刚性需求。棕榈油进口主要受国内需求影响。2016 年中国棕榈油需求量比 2015 年略有减少，食用消费比重降低，工业消费比重提高。2016 年棕榈油全球产量下降，库存减少，棕榈油价格上涨，与豆油的价差逐渐缩小，价格优势降低、棕榈油与大豆油具有很强的替代关系，导致中国棕榈油进口减少，大豆及大豆油进口增加。加之2016年中国加快农业结构调整，植物油脂去库存压力大，国内餐饮消费市场需求不旺，对棕榈油需求有所降低。

东南亚主产国棕榈油产量在厄尔尼诺现象的影响过后将会出现回升，棕榈油的季节性复产周期将会较往年提前，产量下降的局面将会很快扭转。预计2017年全年东南亚棕榈油将会实现恢复性增长。随着生产恢复，东南亚棕榈油产品价格预计在2017年6月之后会较大程度下滑，随着进入传统生产高峰期，价格下行压力增加。价格是中国贸易商的重要考量因素，预计2017年在国际市场价格高位和国内消费淡季的压力下，进口量会萎缩，下半年国内需求会增加，进口量也随着提高，2017年全年中国食用棕榈油进口量维持在300万吨左右，与2016年基本持平，工业消费进口量220万吨，比2015年略有增加，预计全年进口量达到520万吨左右，比2016年提高7%。

3.2 中国棕榈油市场价格预测

自2016年8月起，国际市场棕榈油价格呈上涨趋势，受产量、库存减少影响，马来西亚棕榈油2016年下半年价格不断上涨，2016年12月精炼棕榈油出口价格达到737.5美元/吨，同期豆油价格已处于最低位，国际市场棕榈油和豆油的价差逐渐缩小，甚至实现逆转。随着东南亚主产区棕榈油产量恢复和9—10月生产高峰期的到来，预计国际市场棕榈油价格在2017年年初维持短暂高位运行后，将会震荡下降，但不会大幅下跌。

中国棕榈油进口完全来自国际市场，印度尼西亚、泰国、马来西亚是中国的主要进口来源国。中国棕榈油进口价格将紧随国际市场价格变动，2017年经历初期高位价格，后期进口价格下降。受全球增产的影响，预计2017年中国进口价格会比2016年略有上涨。

4　中国棕榈油产业发展制约因素及对策

4.1　面临的形势及存在的主要问题

4.1.1　人才队伍缺乏，科研基础薄弱

国内从事油棕育种、种苗繁育、栽培管理研究机构的主要集中在中国热带农业科学院橡胶研究所和椰子研究所，国内还没有成立专门的油棕研究机构，油棕综合加工利用技术研究主要是在各大型油脂加工企业。油棕还没有形成完整的产业体系，缺乏专业的人才队伍，专项科研经费少，严重制约了中国油棕产业的发展。

4.1.2　需求刚性增长，进口依赖度高

中国人口基数大，食品餐饮等行业对棕榈油需求大。受需求拉动的影响，受限于国内棕榈油资源约束，中国的棕榈油进口将长期呈刚性增长态势。尽管非洲油棕生产有很大增长潜力，但全球产量高度集中在印度尼西亚、马来西亚两国的现实在未来很长时间不会改变，这两国仍然将会是中国今后的主要棕榈油进口来源国。

4.1.3　消费观念认同低，可持续发展困难重重

中国居民消费以大豆油、花生油、菜子油为主，尽管棕榈油已经普遍应用于食品领域，但很多消费者并不知道自己经常吃到棕榈油。随着可持续发展理念的深入，中国越来越多的企业加入可持续棕榈油圆桌倡议组织（RSPO），生产、使用可持续棕榈油，RSPO 可持续认证产品（CSPO）逐渐被全球认可。同时中国企业面临一个很重要的问题，生产和加工认证的可持续棕榈油需要有更多投入，可持续棕榈油的价格会比普通棕榈油售价高，但食品却不能涨价。额外的投入，没有办法取得财政补贴，或者是更高的价格，就无法形成一个可持续采购的良性循环。

4.2　中国棕榈油产业发展建议

4.2.1　加快油棕科研体系建设

人才队伍建设方面，重视油棕专业人才的引进和培养，通过国外引进、联合培养、出国学习、培训提升等形式，加快科研人才队伍建设，

尽快培养一批专业技术人员，为油棕试种和商业化种植储备人才。重视油棕引种试种工作，筛选一批性状优良的种苗。加强不同研究机构之间的合作，依托中国热带农业科学院成立油棕研究中心，整合热区相关专家，解决油棕产业发展过程中的技术难题。

4.2.2 加快推进油棕“走出去”步伐

油棕属于典型的热带作物和资源约束性产业，中国油棕目前还未开展商业化种植，而且国内适宜种植热带作物的耕地资源十分稀缺，难以实现油棕的大面积种植。开展棕榈油境外投资合作，建立境外棕榈油生产基地是保障国内食用油安全的战略选择。“一带一路”倡议的提出为中国企业走出去提供了良好契机，中国企业在资金、技术和市场方面具有很强的优势，能够保持较高的竞争力。中国境外援建的首个油棕引种试种项目（瓦努阿图）已经取得显著成果，中国企业自行“走出去”在东南亚、非洲建设的油棕园已经产生经济效益。但企业“走出去”过程中也遇到很多问题，需要政府相关部门对企业境外投资做好指导和服务工作。

4.2.3 建立健全油棕可持续发展的配套措施

做好全国油棕发展的区域规划，继续开展多点试种，创造条件适时推进规模种植。进一步加大国家资金支持力度，加大对油棕科研项目经费支持和人才引进力度，制定一系列相关政策扶持油棕产业发展。结合“一带一路”倡议，融资支持中资企业开发境外棕榈园；金融机构配套开展全方位金融服务，为企业持续发展提供资金渠道。加强对棕榈油知识的普及宣传，树立正确的油脂消费观念，加快食用调和油国标制定，规范含棕榈油食品标识。

荔枝产业发展情况及形势预测

世界荔枝主产国不超过 10 个，中国荔枝产量约为世界的 65%～70%。荔枝产业的比较优势主要取决于自然资源禀赋，荔枝在国际市场上属于较小宗的贸易果品。随着荔枝产业发展与农产品市场开放，荔枝产业经济问题逐渐引起主产国政府和相关学者的重视。近年来，荔枝价格逐步走低，国内生产成本逐年攀升，荔枝产业在内忧外患的市场竞争体系中如何发展，是荔枝产业目前面临的严峻问题。

1 世界荔枝产业发展基本情况

1.1 国外情况

1.1.1 生产情况

由于荔枝属于小宗果品，FAO 数据库中尚无单列统计的数据。全世界大部分的荔枝都种植于北半球，南半球产量很少，据估算，全球荔枝总面积约为 80 万公顷，年产量大约为 340 万吨。根据越南贸易促进局的资料，荔枝主产国和主产地区（中国台湾）的生产情况见图 1-1。

根据越南贸易促进局的统计，2016 年世界荔枝的总产量大约为 340 万吨，其中中国（不含台湾地区）荔枝产量占到世界总产量的 65%，为 221 万吨；印度荔枝产量 58 万吨，占世界总量的 17.06%；越南荔枝产量 33 万吨，占比约为 9.7%；泰国荔枝产量 5 万吨，占世界荔枝总产量的 1.47%；马达加斯加荔枝产量为 11 万吨，占世界荔枝产量的 3.24%。中国台湾地区产量为 10 万吨，占世界荔枝产量的 2.94%。亚洲国家或地区作为世界荔枝生产的主要产区，荔枝产量占到世界总产量的 95.8%。

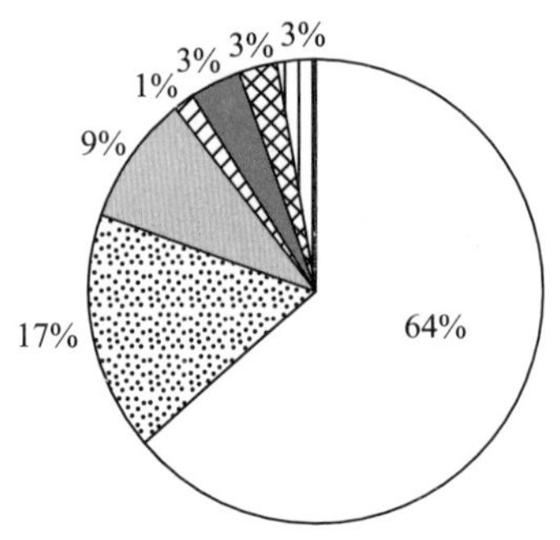

□中国(不含台湾地区) ⊡印度 ◪越南 ■泰国 ⊠马达加斯加 ◫中国台湾 □其他

图 1-1　2016 年世界荔枝生产占比情况

1.1.2　市场情况

荔枝的产期相对比较集中，难以实现规模化的周年供应。世界范围内的荔枝产业利用品种、纬度、海拔和小气候条件等因素，在一定程度上延长和均衡了荔枝的上市期。由于荔枝上市期集中，保鲜难度大，货架期较短，加上产区集中造成的消费偏好等影响，荔枝主要以本地市场消费为主，且多以鲜果的形式销售，可供开发加工产品种类较多，如制干、制罐、制汁、制酒、制醋等，但加工的比例较小。世界各国的荔枝均以内销为主，荔枝的国际贸易量占比很低，年国际贸易量仅约为 12 万吨。荔枝贸易品以鲜荔枝和荔枝罐头为主。

据庄丽娟等（2016）估算，2015 年，荔枝鲜果的国际贸易量超过了 30 万吨，占世界荔枝总产量的 9%左右。其中越南出口 100 000 吨、中国出口 42 700 吨、中国台湾出口 534 吨、印度出口 10 吨、泰国出口 0.43 吨、马达加斯加出口 22 000 吨。

1.2　国内情况

中国荔枝产区最南可到海南三亚、北边抵达四川攀枝花，东边从福建莆田到西南片区的云南云阳。广东茂名是世界最大的荔枝生产基地，荔枝年产量占全国总产量的一半。目前世界荔枝品种 250 多个，其中中国有 220 多个，主栽品种 25 个，主要有白糖罂、妃子笑、三月红、白蜡、黑叶、糯米糍、桂味、玉荷包、无核荔枝等。

中国的荔枝产区跨越9个纬度差，18个经度差，生长地域跨度之大，为世界荔枝主产国中少有，每年收获期从4月中旬到8月下旬。4月中旬三月红荔枝上市；5月上旬白糖罂、妃子笑成熟；5月下旬黑叶、白蜡等陆续成熟；5月底6月初糯米糍、近奉等品种陆续成熟上市。

受2015年台风及2016年年初寒潮及连续阴雨的影响，2016年中国荔枝整体生产形势不佳。据相关的监测调查，海南荔枝上市普遍推迟20天左右，粤西湛江、茂名等地区荔枝推迟上市15天左右。产量方面，因早熟品种花芽分化受冬末低温阴雨天气的影响较小，成花率较晚熟品种高，产量降幅小于晚熟荔枝。

1.2.1 生产情况

据调查统计，2016年中国荔枝种植面积约为813.15万亩，居世界第一，同比下降3.47%。其中广东411.15万亩，同比上涨0.08%；海南31.50万亩，同比下降4.57%；广西306.45万亩，同比下降0.45%；云南11.10万亩，同比增长121.12%；福建41.85万亩，同比下降3.75%；四川10.05万亩，同比下降72.84%；贵州0.75万亩，同比下降85.68%。2016年全国各主产区荔枝面积、产量情况见图1-2。

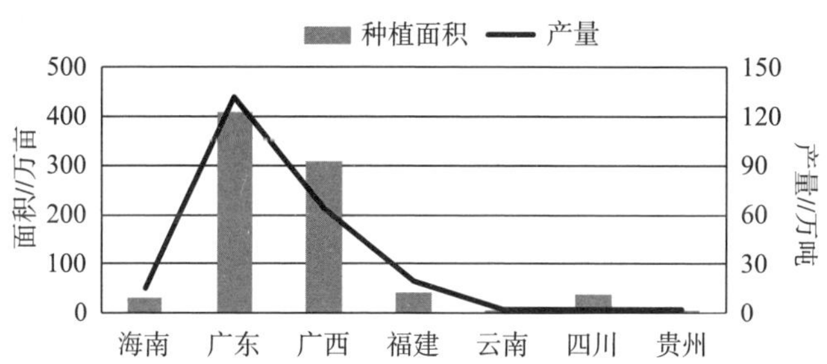

图1-2 2016年全国各主产区荔枝面积、产量情况

从产量上看，2016年全国荔枝产量229.70万吨，同比下降3.41%。其中广东124.60万吨，同比下降5.58%；海南15.40万吨，同比下降1.60%；广西66.70万吨，同比增长4.59%；云南2.80万吨，同比增长33.33%；福建18.20万吨，同比下降6.16%；四川1.80万吨，同比下降27.71%；贵州0.10万吨，同比下降95.88%。

1.2.2 荔枝加工情况

荔枝加工企业主要分布在广东茂名、惠来与惠州（酿酒），广西北海（制汁）与贵港及福建漳州（罐头与制干）等地。据调查，企业已形成超过40万吨荔枝的加工能力，主要产品有荔枝干、荔枝罐头、荔枝酒、荔枝汁等，并且能做到季节生产、常年消费。

据庄丽娟等（2016）估算，2015年中国荔枝总加工原料消耗量超过15万吨，与2014年基本持平。其中荔枝罐头加工量达到3.20万吨，荔枝干超过2万吨。

1.2.3 产业经营方式

中国荔枝的果园高度分散，生产规模各异，农户经营水平高低不平，主要还是依靠劳动力密集型的家庭联产分散经营形式，导致了荔枝产业的产量和品质不稳定。但随着近些年荔枝产业化经营水平的提升，合作社、龙头企业数量也在逐步增加。目前，中国的荔枝规模化产区经营主体主要有农户（租赁土地经营和租赁土地家庭经营是主要形式）、企业和合作社等。从产业分工看，生产环节农户是主体；运销和加工等环节，运销大户是主体。从发展趋势上看，荔枝生产主体正在向规模化果场和专业合作社方向转变，小规模农户正在逐步退出，果场经营规模正逐步扩大，表明新型农业经营主体将引领荔枝产业的发展。

部分荔枝园栽培管理较粗放，一是果园投入不足，立地条件差，生产基础设施条件差，加上没有配套的水利设施，以及生产性投入得不到保证，造成不少果园“赖地生树、靠天吃果”；二是部分果农尚未正确掌握和灵活应用荔枝丰产稳产综合栽培管理技术，尤其是施肥、放梢、修剪和病虫害防治等方面问题较多，直接影响开花与坐果，导致产量低而不稳。

1.2.4 科研进展情况

继续推进荔枝种质资源的收集评价与保护，在海南、广西、广东、四川等地开展了种质资源圃建设、种质资源的收集评价与保护、人工杂交和自然杂交育种工作，选育的“井岗红糯”（热品审2015004）和

“马贵荔”（热品审 2015005）2 个荔枝新品种通过国家热带作物品种审定。完善了荔枝加工副产物高值化利用技术，可获取加工过程中副产物果皮和果渣中大量的酚类物质。开展了荔枝果汁加工关键工艺点对果汁质量参数的影响研究，荔枝脱枝、剥皮生产线设备对荔枝品种应用效果以及对果汁质量的影响规律研究与示范。

1.3 中国荔枝市场形势分析

1.3.1 荔枝综合平均价格变动情况

荔枝的市场价格一直维持在较高的水平，2016 年由于年初寒潮来袭，荔枝产量受到一定程度影响。2016 年的荔枝销售状况较 2015 年价格较好，由于荔枝产量比 2015 年有所下降，荔枝价格一开市就处于高位，平均价格为每千克 8.5 元左右。2016 年荔枝产量较 2015 年略低，地头收购价格、批发价格以及零售价格均高于 2015 年平均水平，如表 1-1 所示。

表 1-1　2015—2016 年我国荔枝年度综合价格（单位：元/千克）

价格类别	2015 年	2016 年
综合地头价	7.96	8.45
综合收购价	7.01	8.01
综合批发价	9.57	10.53
综合零售价	12.33	14.77

数据来源：农业产业损害监测预警系统数据加权平均。

1.3.2 荔枝产业效益分析

2016 年，荔枝投入成本约 2 368 元/亩。2011—2015 年总成本在 1 400 ~2 100 元/亩，2016 年总成本最高，这主要与工价、农资价格不断上涨有关。

2016 年，全国荔枝平均盈利水平为每亩 2 019 元。从净利润方面看，2011—2015 年荔枝净利润相差较大，2012 年净利润最高，为 2013 年的 2 倍多，为 2014 年 1 倍多。这是由于 2012 年亩产值最高，总成本却相对偏低。2016 年荔枝盈利水平较 2015 年有所上涨，虽然荔枝产量受天气影响有小幅下滑，但价格较 2015 年上涨较大。

2 中国荔枝产业对外贸易情况

2.1 荔枝对外贸易量

荔枝对外贸易量不大，主要以鲜荔枝、荔枝干和荔枝罐头为主。根据海关信息网的统计，2016 年 1—12 月中国荔枝进口 50 554.676 吨，其中鲜荔枝、荔枝干和荔枝罐头分别进口 50 542.33、0.006 和 12.34 吨。1—12 月中国荔枝出口 36 790.69 吨，其中鲜荔枝、荔枝干和荔枝罐头分别出口 12 770.96、15.51 和 24 004.22 吨。

在对外贸易金额方面，2016 年 1—12 月中国荔枝进口 2 485.37 万美元，其中鲜荔枝、荔枝干和荔枝罐头分别进口 2 482.95 万、0.01 万和 2.41 万美元；1—12 月我国荔枝出口 6 885.97 万美元，其中鲜荔枝、荔枝干和荔枝罐头分别出口 4 237.74 万、11.13 万和 2 637.11 万美元。

2.2 荔枝对外贸易区域

中国鲜荔枝出口的省份主要有广东、福建、云南、海南、湖南、山东、黑龙江和广西；荔枝干的出口省份主要有福建、广东、上海、湖南和安徽；荔枝罐头的出口省份有福建、广西、广东、湖南和江苏。具体情况如表 2-1 所示。

表 2-1 2016 年 1—12 月中国荔枝出口地区情况

排名	省份	鲜荔枝出口量/吨	鲜荔枝出口额/万美元
1	广东	3 260.89	940.62
2	福建	2 753.68	1 037.28
3	云南	2 533.18	743.82
4	海南	428.76	148.01
5	湖南	10.69	3.13
6	山东	5.00	0.60
7	黑龙江	1.86	0.52
8	广西	1.50	0.50

（续表）

排名	省份	荔枝干出口量/吨	荔枝干出口额/万美元
1	福建	8.47	2.71
2	广东	4.37	1.63
3	上海	2.28	1.13
4	湖南	0.82	0.39
5	安徽	0.30	0.10
排名	省份	荔枝罐头出口量/吨	荔枝罐头出口额/万美元
1	福建	27 449.10	3 193.11
2	广西	912.05	107.21
3	广东	55.89	20.52
4	湖南	19.73	1.47
5	江苏	6.86	0.67

数据来源：海关信息网。

中国鲜荔枝进口的省份主要有北京、云南、广东、吉林、湖北、辽宁、山东、湖南、安徽和重庆；荔枝罐头的进口省份有北京、广东和辽宁。具体情况如表 2-2。

表 2-2　2016 年 1—12 月中国荔枝进口地区情况

排名	省份	鲜荔枝进口量/吨	鲜荔枝进口额/万美元
1	北京	38 205.39	1 696.12
2	云南	16 040.25	888.97
3	广东	3 432.12	152.25
4	吉林	3 060.81	134.52
5	湖北	1 844.19	70.08
6	辽宁	1 660.16	74.69
7	山东	1 327.98	60.28
8	湖南	1 083.16	48.43
9	安徽	719.26	32.44
10	重庆	365.49	16.67
排名	省份	荔枝罐头进口量/吨	荔枝罐头进口额/万美元
1	北京	20.04	3.89
2	广东	12.20	2.37
3	辽宁	0.77	0.13

数据来源：海关信息网。

2.3 荔枝对外贸易国家

中国内地的荔枝主要出口国家有美国、马来西亚、泰国、加拿大、菲律宾、日本、韩国、澳大利亚、新加坡、英国、阿联酋、荷兰、意大利、巴拿马、西班牙、法国、俄罗斯和文莱；地区有中国香港、中国澳门。荔枝干的出口国家主要有意大利、泰国、新加坡、美国、比利时、马来西亚；地区有中国香港、中国澳门。荔枝罐头的主要出口国有：马来西亚、法国、荷兰、德国、印度尼西亚、墨西哥、菲律宾、澳大利亚、美国、英国、比利时、意大利、印度、西班牙、奥地利、巴西、南非、葡萄牙、危地马拉和瑞士，具体情况如表 2-3 所示。

表 2-3 2016 年 1—12 月中国内地荔枝出口国家（地区）情况

排名	国家（地区）	鲜荔枝出口量/吨	鲜荔枝出口额/万美元
1	中国香港	3 870.89	1 218.05
2	美国	1 948.30	513.87
3	马来西亚	1 591.74	591.94
4	泰国	472.42	186.54
5	加拿大	363.47	115.96
6	菲律宾	309.81	102.36
7	日本	135.65	58.07
8	中国澳门	60.83	3.13
9	韩国	55.88	16.65
10	澳大利亚	46.72	13.84
11	新加坡	33.79	12.43
12	英国	33.16	13.54
13	阿联酋	30.00	10.47
14	荷兰	15.52	6.75
15	意大利	8.66	3.81
16	巴拿马	7.20	2.16
17	西班牙	4.96	2.44
18	法国	3.68	1.66
19	俄罗斯联邦	2.50	0.55
20	文莱	0.39	1.42

（续表）

排名	国家（地区）	荔枝干出口量/吨	荔枝干出口额/万美元
1	意大利	7.95	3.51
2	中国香港	3.37	1.47
3	马来西亚	1.60	0.49
4	美国	1.20	0.55
5	比利时	1.08	0.58
6	新加坡	0.70	0.20
7	中国澳门	0.17	0.05
8	巴拿马	0.12	0.04
9	加拿大	0.03	0.01
10	英国	0.02	0.06

排名	国家（地区）	荔枝罐头出口量/吨	荔枝罐头出口额/万美元
1	马来西亚	12 553.80	1 331.83
2	法国	4 420.35	557.11
3	荷兰	1 587.94	191.78
4	印度尼西亚	1 572.65	194.54
5	德国	1 444.95	178.45
6	墨西哥	709.44	92.36
7	菲律宾	687.17	83.05
8	澳大利亚	676.20	86.13
9	英国	653.28	87.73
10	印度	551.88	66.83
11	意大利	350.94	43.10
12	西班牙	303.31	36.99
13	美国	295.69	43.64
14	危地马拉	269.83	37.46
15	比利时	260.44	29.75
16	奥地利	258.57	30.38
17	巴西	195.36	23.29
18	韩国	169.15	20.86
19	加拿大	168.87	21.59
20	南非	161.04	20.51

数据来源：海关信息网。

中国的荔枝主要进口国家是泰国，具体情况如表 2-4 所示。

表 2-4　2016 年 1—12 月中国荔枝进口国家情况

排名	国家	荔枝罐头进口量/吨	荔枝罐头进口额/万美元
1	泰国	33.02	6.39

数据来源：海关信息网。

3　中国荔枝产业 2017 年形势预测

2016 年荔枝市场价格居高，刺激了农户扩种，但同时荔枝树作为多年生植物，生长周期较长，因此预测 2017 年荔枝种植面积会上升，但上升幅度不大。

据预测，2017 年荔枝种植面积仍将保持稳定，新增种植面积继续有所增长。产量较 2016 年持平，且上市时间将照往年有所推迟。市场收购价由于广东等主产区的产量减少较往年有所增长，但不会超过 2016 年的高价。

4　中国荔枝产业发展制约因素及对策

4.1　面临的形势及存在的主要问题

4.1.1　荔枝病虫害依旧严重

荔枝在种植过程中极易受到霜疫霉病、炭疽病、荔枝蛀蒂虫、荔枝蝽象、堆蜡粉蚧、花金龟等病虫害的侵袭。荔枝霜疫霉病仍较为严重，发病率在 35%~50%。荔枝蛀蒂虫目前主要是第三、四代危害，且危害严重，危害株率为 60%。2016 年仍没有得到明显改善，虽没有大面积爆发，且均可靠农药抑制，但监测点反映病虫害的抗药性加强，不得不增加农药使用量。

4.1.2　保鲜期短制约销售途径

荔枝的销售渠道比较单一，种植户出售荔枝均需依靠收购商，很少有主动参与荔枝的销售过程。种植户也有主动接触市场的意愿，但苦于自己并没有相应的营销渠道，而荔枝的保鲜期又短，并不利于储销。虽然越来越多的种植户意识到电商的效益，但大规模的种植户并不愿意亲自在网上销售，而是供货给生鲜农产品电商。由于荔枝保鲜期较短，荔枝的线上销售发育并不成熟，需求量太少，不方便种植户的大量销售。而且线上荔枝销售对荔枝的保鲜及包装要求更加严格。

4.1.3 产业组织化程度低，果农进入市场的能力有限

荔枝生产在经历了30多年的家庭承包经营之后，依旧以小规模农户生产为主，这种小规模的家庭生产经营模式在玉林容县、北流、桂平、茂名高州等地尤为突出。如何加快构建新型农业经营主体，以适应商业化和规模化的农业发展，成为荔枝产业面临的重要问题。同时，中国荔枝生产仍处于重生产轻市场的初级发展阶段，表现为荔枝消费市场存在认知观念问题而产销间缺乏畅通的信息沟通渠道；产区政府层面之间缺乏对本地产业市场发展的战略布局；产业组织层面缺乏有实力、有影响的龙头企业和合作社；本土经销商队伍的缺失使得产区在销售中受制于人；果农市场意识淡薄，或缺乏把对市场的认识落实到生产环节的意识。

4.1.4 劳动力成本的快速攀升，增加荔枝生产成本，降低荔枝生产收益

2016年中国荔枝生产收益下降主要来自于两个诱因，一是中国农业生产已经进入了高成本时代，荔枝产业也不例外，尤其是劳动力成本快速攀升；二是自然风险和市场风险影响农业生产效益，极端天气和自然灾害频发对一些产区的果品产量和质量造成了一定影响，同时中国的农产品价格预警预测机制不健全，农民几乎没有任何的议价能力，这些都使得中国荔枝在生产环节利润得不到保障。

4.2 中国荔枝产业发展建议

4.2.1 重视荔枝采后保鲜处理技术、设备的研发和推广

荔枝上市期是沿着纬度带依序在不同主产区展开。由于消费的分散性，荔枝多为跨区域销售，同时荔枝保鲜期非常短，一般仅为5~7天，需要进行预冷、分等分级包装处理和冷链流通，高流通成本影响了荔枝的远

距离销售。荔枝产区目前还普遍缺乏冷库、分等分级生产线、冷链运输工具等。今后中国荔枝产业要重视荔枝采后保鲜技术、设备的研发与推广应用，这将大力改善荔枝的采后品质，延长运输半径和货架期，增加荔枝的附加值和销售量，同时政府还需加强冷库和封闭性的作业车建设。

4.2.2 适度缩减小规模荔枝种植园，培育标准化、规模化荔枝种植园

适度缩减一些经营较差、生产效率较低的荔枝种植园，对过密的果园进行间伐，以保证种植密度不超过22株/亩为宜。扩建大规模品质优、质量好的标准化荔枝园，稳定优化荔枝产业发展。提升对大规模标准荔枝种植园的基础建设投入，提升种植机械化率，减少日益增长的人工成本投入，稳定荔枝年际间供应量，同时可以提升产品质量又能符合市场需求，形成产销两旺的良性循环格局。

4.2.3 引导国内荔枝生产加工主体逐步延伸产业链

以挖掘利用荔枝营养保健价值为核心，在现有荔枝鲜果生产和市场趋于动态稳定的基础上，研发荔枝鲜果分级制度，实施优质果和高端果的销售策略，以控制市场供应量来提高荔枝产值。加快荔枝果粉、糖浆、休闲食品的开发利用，拓展荔枝作为中间材料在食品、饮料等大众消费品中的利用率，提高荔枝的附加值。采取政府引导、企业合作方式结合电商来加快荔枝产地销售向用户直销模式的改变，减少中间环节，降低销售成本和损耗，增加果农的种植效益。

4.2.4 创立荔枝品牌，实施产业化经营

树立荔枝品牌应以市场为导向，以家庭生产为基本单位，将产前、产中和产后的各个环节有机结合起来，加强对外宣传，建立健全荔枝标准化生产的全过程监管体系。实行产业经营，一是将生产、加工、销售有机结合，实施专业化、标准化生产，降低成本，提高质量和效益；二是充分发挥气候、土地、品种等方面的资源优势，提高产品品牌的比较效益和比较优势；三是培育和推动有条件的龙头企业根据专业分工的原则实施联合，增强国际市场的竞争力。

香蕉产业发展情况及形势预测

香蕉是全球第一大贸易水果，全球产量第三的水果，在中国各热带水果中产量居第一。2016 年，受到超级寒潮和台风的影响，中国香蕉产业受到较大影响，收获期整体推迟 2 个月，但刺激了市场价格的整体回升，进出口贸易保持增长态势。

1 世界香蕉产业发展基本情况

1.1 国外情况

1.1.1 生产情况

2014 年，全球香蕉收获面积为 988.89 万公顷，同比增加 0.79%；产量 1.45 亿吨，同比增长 3.57%；单位面积产量 13.99 吨/公顷，同比增长 2.04%。其中，非洲的收获面积为最大，达 536.31 万公顷，占世界总量的 54.23%；亚洲 226.38 万公顷，占世界总量的 22.89%；美洲收获面积 215.21 万公顷，占世界总量的 21.76%；大洋洲收获面积 1.07 万公顷，占世界总量的 0.11%；欧洲收获面积 1.04 万公顷，占世界总量的 0.11%。亚洲产量最高，达 6 451.53 万吨，占世界总产量的 44.49%；非洲 4 056.03 万吨，占世界总产量的 27.97%；美洲 3 784.38 万吨，占世界总产量的 26.10%；大洋洲 148.53 万吨，占世界总产量的 1.02%；欧洲 39.31 万吨，占世界总产量的 0.27%。欧洲单位面积产量最高达 37.98 吨/公顷，其次为亚洲，达 18.17 吨/公顷，美洲单位面积产量为 16.91 吨/公顷，大洋洲单位面积产量为 9.20 吨/公顷，非洲单位面积产量为 8.15 吨/公顷，详细见图 1-1。

香蕉产量居全球前十位的生产国依次为印度 2 972.46 万吨、中国

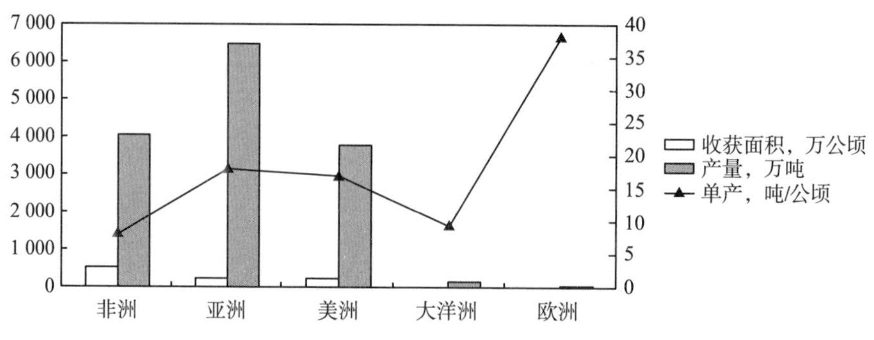

图 1-1　2014 年世界香蕉生产及分布情况

1 179.19 万吨、菲律宾 888.49 万吨、厄瓜多尔 751.75 万吨、巴西 695.37 万吨、印度尼西亚 686.26 万吨、喀麦隆 560.18 万吨、哥伦比亚 523.82 万吨、乌干达 516.51 万吨、危地马拉 379.34 万吨，占世界总产量的 63.13%。

1.1.2　市场情况

市场上香蕉贸易主要以鲜果为主。据 FAO 统计（图 1-2），2013 年世界香蕉进口量 2 080.31 万吨，同比增长 6.92%；进口额为 146.20 亿美元，同比增长 10.93%；出口量为 2 095.69 万吨，同比增长 6.40%；出口额为 101.38 亿美元，同比增长 13.43%。十大香（大）蕉进口国为美国、德国、俄罗斯、比利时、英国、日本、意大利、法国、伊朗、加拿大，十大香（大）蕉出口国为厄瓜多尔、菲律宾、危地马拉、哥斯达黎加、哥伦比亚、比利时、洪都拉斯、美国、多米尼加、墨西哥。

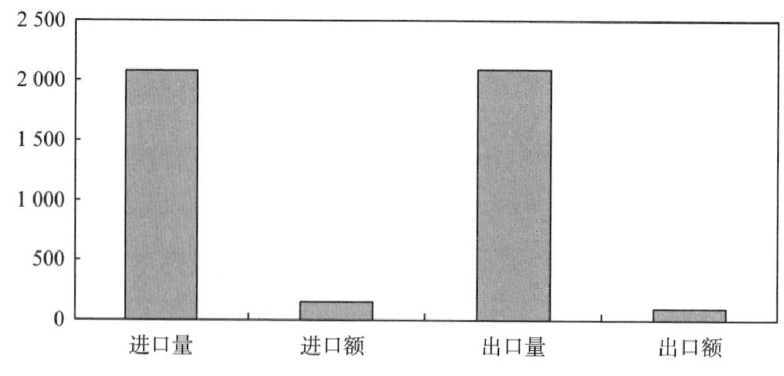

图 1-2　2013 年世界香蕉贸易情况（万吨、千美元）

1.1.3 科技进展

目前，全球香蕉产业的科研关注点为香蕉枯萎病的防控、遗传资源改良、采后加工处理及保鲜技术等方面。在香蕉枯萎病防控研究进展上，已经挖掘出 *MaSERK*1、*WRKY*、*NBS* 等几个抗病基因，选育了抗枯萎病转基因植株，筛选出多个耐枯萎病品种；有科研人员发现采用间作或轮作结合生物菌剂可以降低香蕉枯萎病的发病率，但完全抑制香蕉枯萎病尚无良方。在生物技术方面，主要在香蕉愈伤组织培养、悬浮细胞培养、原生质体培养和体细胞胚胎发育等方面取得较大进展。在香蕉防腐保鲜技术方面，主要是在采用无公害保鲜方法拮抗菌来延长香蕉贮藏期上取得进展，从香蕉皮上分离得到了 9 种炭疽病的拮抗细菌和 1 种真菌。

1.1.4 产业特点

（1）种植区域广泛，产量集中。

香蕉作为众多消费者喜爱的水果，广泛种植于 136 个国家和地区。从区域上看，种植面积最大的是非洲，其次为亚洲。2014 年，香蕉种植区域继续呈现集中趋势，前十大生产国产量较 2013 年均有所增长。

（2）科技水平参差不齐，单位面积产量差异大。

除自然因素外，各国香蕉科技水平参差不齐，是导致全球香蕉平均单位面积产量较低的原因。非洲作为面积最大的香蕉产区，却因其香蕉优良品种较少、种植管理技术水平低等原因，单位面积产量在各大洲中处于末位，其总产较产量最高的亚洲低了 37.13%。

（3）市场消费仍以鲜果为主，进出口贸易仍以传统地区为主。

从国际国内市场调研发现，香蕉仍以鲜果消费为主，进出口贸易量与进出口值均有一定幅度的增长，进出口贸易地区仍以传统国家为主。

1.2 国内情况

1.2.1 生产情况

2016 年中国香蕉实有面积为 611.98 万亩，较 2015 年下降 5.36%；总产量 1 299.70 万吨，较 2015 年增加 2.81%；单位面积产量 2 530.55 千克/亩，较 2015 年增加 8.95%；总产值 3 559 851.71 万元，较 2015 年减少 12.32%。

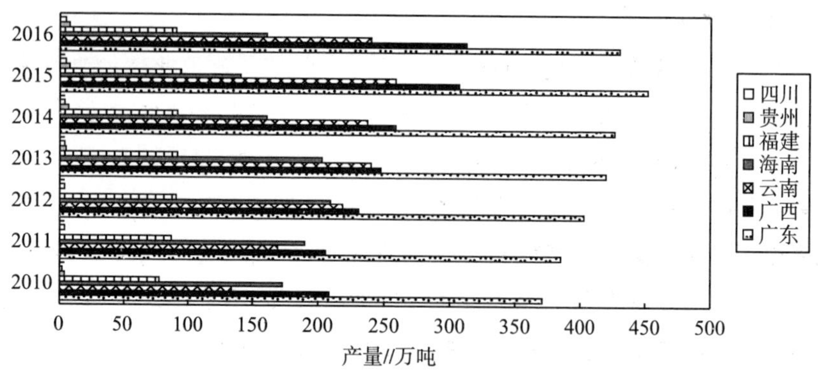

图 1-3　2010—2016 年中国香蕉主产区产量

从图 1-3 可知，广东香蕉产量一直遥遥领先于其他产区，但近年来有下降的趋势。其次为广西，其产量快速增长；云南的香蕉产量在 2012 年超过海南，成为第三大香蕉产区，近年来增速放缓，2016 年出现下降；海南香蕉产量从 2012 年起逐年下降，2016 年有所回升；福建香蕉产量较稳定；四川与贵州香蕉产量则呈稳定增长态势。

1.2.2　市场情况

（1）国际贸易情况

2016 年 1—12 月，中国香蕉总进口量为 88.72 万吨，进口额为 58 548.31 万美元，进口量较上年增长了 12.89%，进口额则下降了 3.36%，主要进口来源国为菲律宾、厄瓜多尔、缅甸、越南、泰国（万吨以上计）；出口量为 8 278.97 吨，出口额为 785.66 万美元，分别较 2015 年增长了 38.17%、23.09%，主要出口对象国家为朝鲜、俄罗斯；主要出口地区为中国香港、中国澳门（千吨以上计）。

（2）国内市场情况。

中国香蕉商品率较高，90%以上均可上市销售，主要以鲜果进行消费。香蕉主要消费市场分布在全国各地，但以东北、华北、江南一带的售价为高。

受 2016 年年初超级寒潮和年底暖冬的影响，从图 1-4 可知，中国香蕉的交易高峰期从 2015 年 3—5 月推迟到了 11—12 月，而香蕉综合平均价格较2015年大幅上涨，集中上市的坡度放缓，上市时间有较好的调整。具体而言，11—12月交易量高而价格较低，2月的交易量最少而价格处于中等偏下水平，最高价格出现在9月的供货紧缺时期。

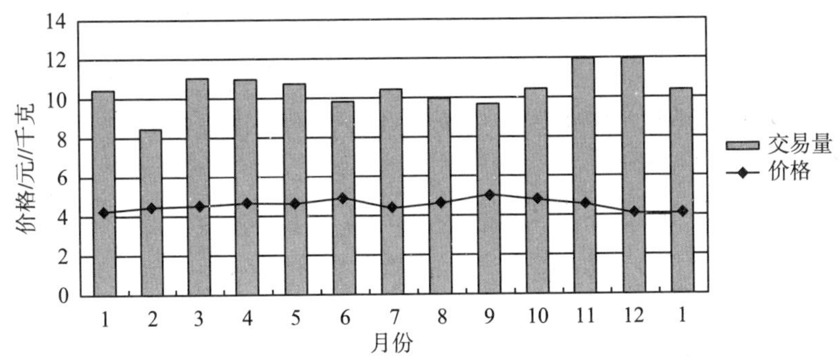

图1-4　全国重点监测农产品批发市场香蕉交易与价格情况

1.2.3　科技进展

2016年中国在香蕉方面的科技进展主要集中在香蕉枯萎病及香蕉皮氏叶螨的综合防治、精确施肥技术、产地采收、采后商品化处理技术、加工技术及应用方面。在香蕉枯萎病防治方面，主要是筛选培育出桂蕉9号、宝岛蕉、中蕉6号、中蕉3号、南天黄等抗香蕉枯萎病品种，并对18个镰刀菌样品进行了生理鉴定、病原菌分离以及RAPD分析；在皮氏叶螨综合防治方面，主要是测定出7种植物提取物和拟小食螨瓢虫能有效防控皮氏叶螨；在香蕉精确施肥技术方面，进行了香蕉种植至收获全生长期的养分跟踪研究，发现钾在果实和假茎中的含量较高，叶片的含钙量占单株含量的较大部分，镁在果实、叶片、假茎中均占有较大的比例，氮钾钙等元素均集中在果实、叶、假茎中；在产地采收、采后商品化处理技术方面，大规模采收开始使用先进的铁索道无损采收技术，大部分香蕉种植企业、合作社及收购站等已经实现了条蕉落梳、果实清洗和分级、防腐处理、包装的流水作业；在加工技术和开发利用方面，主要是开发出香蕉酒、香蕉醋、香蕉果酱、香蕉果干、油炸香蕉脆片、香蕉粉等多种产品（但未大规模生产），同时研发出利用香蕉废弃茎干发电的技术；在标准、专利方面，主要是围绕鲜食香蕉制订了

GB9827—1988 香蕉等多个标准和有关香蕉制品的一个标准 NY/T948—2006 香蕉脆片。

1.2.4 产业特点

（1）香蕉主产区集中，各主产区种植面积下降或停滞不前。

中国香蕉主产区为广东、广西、云南、海南、福建、贵州、四川和中国台湾，主要集中于广东、广西、云南、海南。受枯萎病和 2015 年香蕉价格低迷影响，海南、广东、广西、云南香蕉种植面积较 2015 年均有不同程度的下降。

（2）产量增速放缓或下降，单位面积产量保持增长趋势。

受寒潮影响，广东、广西、云南香蕉受损严重，产量较 2015 年均有下降；而由于香蕉抗枯萎病品种南天华黄、桂蕉 9 号等的推广种植及其他科技进步因素，香蕉单位面积产量保持增长趋势。

（3）进出口贸易量双增，价格大涨。

受供货量下降和需求量增加影响，近年来中国香蕉进口量保持增长态势；因第二大香蕉生产国及中国香蕉进口最大来源国菲律宾干旱严重，香蕉行业受到重创，菲律宾香蕉或减产 30%左右，产量减少 280 万吨左右，加上香蕉质量有所提高，中国香蕉出口量出现幅度较大的增长，国内市场香蕉价格受供货量收紧影响而大幅上涨。

（4）消费市场发生变化，营销模式从传统销售向线上线下组合销售转变。

一是消费观念改变，更注重香蕉品质、安全及外包装等，对价格的关注度下降。加大了对高端香蕉的需求，中低端香蕉受到冲击，在沿海等经济发达地区更为明显。同时，受香蕉膨大剂滥用的负面影响，传统的肥蕉、大蕉消费市场低迷，小蕉、瘦蕉更受消费者的追捧。二是香蕉已从高级水果转变为平民水果，随着中国经济社会的快速发展，香蕉从奢侈品向一般消费品转变，消费群体由富裕阶层向普通老百姓延伸。三是消费区域扩大，受传统市场消费下滑的影响，随着互联网和物流业的快速发展，淘宝、京东、微商将触角伸向了广大农村，消费区域从传统的一线、二线城市，向三线城市及边远地区扩展。

2 中国香蕉产业分区域发展情况分析

2.1 各主产区香蕉生产情况

广东2016年末实有面积196.20万亩，较2015年减少0.26%，产量481.70万吨，较2015年增加6.65%，产值90.74亿元，较2015年下降30.73%；广西2016年年末实有面积161.25万亩，较2015年减少10.69%，产量319.99万吨，较2015年增加4.12%，产值59.51亿元，较2015年减少18.14%；云南2016年末实有面积153.75万亩，较2015年下降5.82%，产量270万吨，较2015年增加4.32%，产值89.05亿元，较2015年增加6.18%；海南2016年末实有面积52.95万亩，较2015年减少9.58%，产量125.60万吨，较2015年减少10.35%，产值47.24亿元，较2015年增加29.70%；福建2016年末实有面积41.10万亩，较2015年增加0.37%，产量96.6万吨，较2015年增加2.16%，产值24.03亿元，较2015年下降15.29%；贵州2016年末实有面积4.35万亩，较2015年增加39.20%，产量1万吨，较2015年减少86.61%，产值0.19亿元，较2015年减少89.88%；四川2016年末实有面积2.10万亩，较2015年减少40%，产量4.8万吨，较2015年增加11.63%，产值1.37亿元，较2015年减少23.34%。

2.2 各主产区香蕉产业发展动态

2.2.1 广东产区

20世纪80年代，广东香蕉以东莞和高州为中心形成了粤西和珠三角经济区两个种植带。在珠三角地区，广州、东莞等地香蕉种植面积不断减少，而惠州、肇庆等地种植面积却不断增加；在粤西，茂名的面积缩小，而徐闻、雷州却成为新的主产区。2016年，超级寒潮使广东珠三角地区和粤西的茂名香蕉损失较大，湛江受到的影响相对较小。珠三角地区的恩平、惠州及茂名高州地区挂果期的香蕉断轴落地，导致减产。上述自然因素导致广东香蕉总产较2015年有所下降，香蕉上市期普遍推迟。广东香蕉种植区域仍较集中，抗枯萎病品种中蕉6号、中蕉3号等开始在枯萎病危害严重的粤西地区推广种植。

2.2.2 广西产区

从2006年开始，广东、海南等地蕉农不断向广西迁徙，龙头企业加种植能人的带动，使广西香蕉快速发展，产量快速升至全国第二位，但近年来增速放缓，向云南、老挝转移趋势加大。据广西香蕉产业协会统计，南宁武鸣、隆安及崇左扶绥、龙州、田东等香蕉产区75%以上香蕉园受到寒潮影响，2016年年初的冻害造成部分蕉园大幅度减产，导致广西香蕉总产量下降。超级寒潮打乱了原有的香蕉熟期结构，广西作为2016年下半年上市主产区，受影响最大，上市时间拉长，即从7月开始直至12月，全年3/4的香蕉集中在2016年11月至次年1月上市，导致广西香蕉价格较其他主产区相对较低，加剧了下半年香蕉上市集中的压力。

2.2.3 云南产区

云南香蕉种植区域相对集中于西双版纳、红河、文山等地。主栽品种除巴西蕉、威廉姆斯蕉外还有部分山地蕉。受前几年香蕉价格高起、天然橡胶价格低迷影响，加上香蕉没有台风和霜冻影响，种植风险小，昼夜温差大、全年温差小、紫外线强、光照充足、一年四季均可种植等优越气候条件，其种植规模、产量快速增长，于2012年超越海南成为第三大香蕉产区。但目前云南香蕉枯萎病发病率已达到10%，根据枯萎病发病规律，云南已不具有成为枯萎病“避风港”的优势。受2016年超级寒潮影响，海拔500米以上的香蕉几乎成为了烂蕉，大部分需要重新留芽，受寒潮直接损失达30万亩以上。

2.2.4 海南产区

海南是中国传统的香蕉优势产区，主栽品种为巴西蕉，还有少量的粉蕉、大蕉、龙牙蕉、泰国蕉、黄帝蕉等20多个品种，其中以巴西蕉、粉蕉、黄帝蕉的价值为高。销售的产品仍以鲜果为主，基本没有专门的香蕉加工厂，主销东北市场和广东珠三角市场。受香蕉枯萎病及种植区域有限影响，海南香蕉产量已从全国第二位降为第四位。为规避台风灾害、防止枯萎病蔓延及实现错峰上市，近年来海南香蕉主产区已从南部转移到西南部、中部和北部的山区，并改种生长周期较长的南天黄、宝岛蕉等抗病品种，从而也延长了海南香蕉的上市周期，分散了市场风险。海南香蕉受2016年超级寒潮影响较小，但上市时间推迟，价格较2015年有大幅度上涨。

2.2.5 福建产区

福建香蕉主要分布在闽南一带，漳州市是主产区，面积和产量都占全省的90%，主栽品种为台湾蕉系列、巴西蕉和威廉姆斯蕉。南靖、平和两县则是漳州市香蕉主产地，分别拥有天宝香蕉、坂仔香蕉两大知名品牌。此外，福州、宁德等地也有少量种植。

2.2.6 其他产区

贵州、四川也是中国香蕉产区，但因适种区域有限，其面积与产量增长幅度不大，对全国香蕉产业的影响较小。2016年，这两个产区也受到超级寒潮影响，产量增速放缓。

3 中国香蕉产业2017年形势预测

受2016年香蕉市场价格回暖影响，2017年中国香蕉种植面积、产量将回升；2017年香蕉主产区年初未出现寒冷气候等对香蕉生产不利的气候，由于中国香蕉主栽品种仍为巴西蕉，故各地上市高峰期仍将维持不变，但需预防倒春寒出现。进出口贸易量也将维持增长，据预测，中国香蕉进口量仍将继续增加。最大进口来源国仍将是菲律宾，最大出口目的地也仍是中国香港。

4 中国香蕉产业发展制约因素及对策

4.1 面临的形势及存在的主要问题

4.1.1 品种单一，科技创新水平不高

一是品种结构单一，后备品种缺乏。东盟国家香蕉品种繁多且齐全，中国仅有四大品种类群20多个品种，种质资源创新不足、品种优

势不明显；主栽品种为巴西蕉和威廉姆斯蕉，随着无性繁殖代数的增加，品种有退化趋势。二是技术集成度不高，各单项技术之间的集成配套研究很欠缺，未形成综合生产体系。

4.1.2 标准化栽培普及率低，基础设施建设滞后

中国蕉农在香蕉肥水管理、病虫害防治、留梳抹花等方面存在一定盲目性，生产成本高、产量低、产品市场竞争力不强。蕉园排灌水、防风防寒设施、道路系统等农田基本建设落后，精确施肥和高效病虫害防治技术差，采收、采后处理和包装运输落后，生产机械化应用程度低。而中国香蕉主产区地处沿海边陲、热带北缘，云南则多为山地种植，每年的寒害、风害、季节性干旱都给香蕉生产造成很大损失，产业抗风险能力弱。蕉农生产、生活条件艰苦，劳动强度大，难以实施精细化管理，生产效率低。

4.1.3 香蕉的销售渠道有待拓宽，传统销售方式受到挑战

受寒潮、台风、运费高和与国内国外香蕉同时上市等不利因素的影响，中国香蕉运销阻塞，价格下跌直接影响蕉农的种蕉积极性。抵制灾害、疏通运销渠道需要政府多部门及社会各方力量通力合作。

随着互联网及物流业的快速发展，消费者网购热情有增无减，香蕉交易也从实物交易向虚拟市场大转变，物流配送成为新的发展趋势，传统消费习惯将发生变化，这些无疑会对香蕉保鲜技术和营销方式提出更多新的挑战。

4.1.4 产业组织化程度较低，未完全发挥品牌效应

中国香蕉种植以农户种植和公司基地种植为主。规模最大的蕉园仅有 1 万亩左右，与全球跨国公司都乐、金吉达、地盟公司等的数万亩甚至几十万亩基地相比，香蕉产业集中度太低。除少数重点龙头企业在整个产业链布局外，大部分香蕉种植企业纵向一体化程度较低，在种苗、农资、蕉果加工、运输和销售等各个环节难以获利，这种局面必然加大种植者风险。企业间不能实现强强联合，未能充分发挥品牌效应，香蕉市场竞争无序。这种以农户为主，分散经营的组织模式很难形成规模供给，蕉农主要是通过当年的收购情况判断供应链下游的销售情况以及预

测下一年的市场行情，与收购者之间没有形成信息共享，一旦遇到自然风险和市场风险，常处于被动地位。

4.2 中国香蕉产业发展建议

4.2.1 加快新技术研发，加大技术集成

一是加强品种选育和引进，以矮杆、梳形好、单位面积产量高、抗性强的品种为引进和选育目标，特别是加强抗香蕉枯萎病种质资源的引进和培育；二是加强集成香蕉重大病虫害的防控技术，目前尚无根治香蕉枯萎病的有效方法，需要将抗病品种选育技术集成农业栽培技术，以达到防控香蕉枯萎病的效果；三是加快经济适用的香蕉机械化装备研发，香蕉生产机械化包括建园机耕、生产滴灌设施与无人机应用等，采后机械化采收、包装与催熟等。目前这些技术在生产上有较大突破，下一步是降低技术成本，简化操作，在中小蕉园推广，香蕉无损采收及商品化处理机械化，可延长货架期，提高市场竞争力，能降低劳动强度，节约劳动成本。

4.2.2 加强标准化体系建设和标准化栽培，加大对基础设施建设投入

应构建香蕉种植、采收及采后加工业标准体系框架，使其与国际先进的标准和规范接轨，以保证中国香蕉品质，打破各种贸易壁垒、技术壁垒等，促进中国香蕉参与国际竞争。通过资金、设备和技术援助，建立标准化生产和采收、采后处理技术示范基地，推广香蕉“无伤化”采收包装和“冷链”贮藏运输技术。加强蕉园的基本建设，特别是排灌设施、防寒防风措施和道路系统的建设。

4.2.3 拓宽销售渠道，创新营销手段

一是建立自己的营销、配送队伍和营销网络；二是建设香蕉营销专用码头；三是建立营销指导中心，开展香蕉交易；四是组织香蕉生产协会，形成产销集团，拓宽销售渠道，实现香蕉生产基地与销售市场无缝对接。

4.2.4 提高产业组织化程度，充分发挥品牌效应

一是努力扩大个体蕉农种植规模，引导土地有序流转，适当集中，

达到规模化生产要求，使香蕉种植户户均规模达到100亩左右；二是积极培育新型经营主体，积极培育香蕉生产大户、家庭农场、合作社、龙头企业等新型现代农业生产主体，统一规划、统一种植、统一管理，形成上百亩、上千亩大规模香蕉园区，推进香蕉生产组织化规模化；三是提高生产经营的组织化程度，在规模化生产的基础上，引导蕉农抱团发展，联合成立产业联盟或专业合作社，推行标准化生产、商品化包装和品牌化经营，提高香蕉品质，提高蕉农销售谈判话语权，增加收益，吸引有文化懂技术的有志青年加入香蕉行业，成为“蕉二代”，成为“职业蕉农”，提高香蕉种植者文化素质和技术水平；四是打造中国香蕉品牌，针对不同目标市场，大力推行分级包装，做到产品及品牌的多样化，联合起来共同营销，共同走向市场，充分发挥品牌效应。

椰子产业发展情况及形势预测

椰子（*Cocos nucifera L.*）属棕榈科（*Palmaceae*）单子叶多年生常绿乔木，属于典型热带木本油料作物，原产于印度尼西亚至太平洋群岛和亚洲东南部，主要分布在赤道两侧20°之内的热带滨海地区，在高温多雨和阳光充足的环境和条件下生长发育良好。椰子的种植对环境条件要求不高，不易影响周边作物生长发育，在环岛滨沙地和河流沿岸都可以种植。椰子的防风性能较好，海边的椰子林能起到一定的防风作用。椰子经综合利用后开发出的产品高达360多种，在国外有“宝树”和“生命木”之称。全球已经有近百个国家种植椰子，主产国为印度尼西亚、菲律宾、印度和斯里兰卡等国家。东南亚是世界椰子的主产区，其椰子产量占世界总产量的50%以上。中国98%的椰子集中在海南种植，其余零星分布在广东省和云南省。

1　世界椰子产业发展基本情况

1.1　国外情况

1.1.1　生产情况

根据世界粮农组织（FAO）的统计数据分析，2014年，全球椰子总产量6 051.18吨，收获面积为1 193.98万公顷，单位面积产量5.07吨/公顷。亚洲椰子产量5 041.9万吨，占全球椰子总产量的83.32%，收获面积964.79万公顷，占全球椰子总收获面积的80.8%；美洲椰子产量535.67万吨，占总产量的5.85%，收获面积62.54万公顷，占总面积的5.24%，单位面积产量8.57吨/公顷；非洲椰子产量206.52万吨，收获面积112.18万公顷，单位面积产量1.84吨/公顷；大洋洲椰子产量

267.02 万吨，收获面积 54.44 万公顷，单位面积产量 4.90 吨/公顷；欧洲椰子产量和收获面积非常少，仅 0.07 万吨和 0.03 万公顷，单位面积产量 2.34 吨/公顷（图 1-1）。

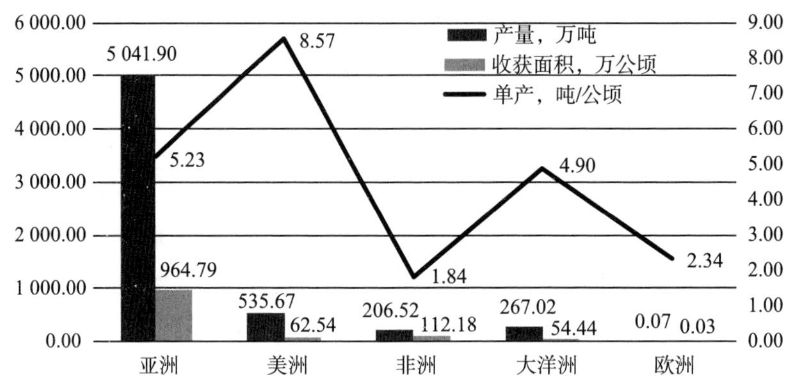

图 1-1　2014 年全球各大洲椰子生产及分布情况

数据来源：世界粮农组织 FAO。

2014 年，世界椰子主产国的椰子生产情况如下：印度椰子产量 1 107.89 万吨，收获面积 214 万公顷，单位面积产量 5.18 吨/公顷；印度尼西亚椰子产量 1 830 万吨，收获面积 302.5 万公顷，单位面积产量 6.05 吨/公顷；马来西亚椰子产量 59.51 万吨，收获面积 8.81 万公顷，单位面积产量 6.76 吨/公顷；菲律宾椰子产量 1 469.63 万吨，收获面积 350.20 万公顷，单位面积产量 4.20 吨/公顷；斯里兰卡椰子产量 239.53 万吨，收获面积 20.71 万公顷，单位面积产量 6.07 吨/公顷。

1.1.2　市场情况

由表 1-1 可知，椰子产业的主要进出口贸易产品有椰子（鲜果）、椰子（干制）、椰子饼、椰子油和干椰肉 5 种，2013 年世界椰子（鲜果）进口量 47.28 万吨，进口额 26 222 万美元，出口量 63.92 万吨，出口额 22 525.1 万美元；椰子（干制）进口量 32.06 万吨，进口额 48 245.8 万美元，出口量 32.92 万吨，出口额 50 752.1 万美元；椰子饼进口量 103.74 万吨，进口额 24 060.2 万美元，出口量 107.46 万吨，出口额 27 214.5 万美元；椰子油进口量 222.06 万吨，进口额 226 777.1 万美元，出口量 220.67 万吨，出口额 214 392.6 万美元；干椰肉进口量

7.88 万吨，进口额 5 950.8 万美元，出口量 9.06 万吨，出口额 5 020.8 万美元。

表 1-1　2013 年世界椰子产品进出口贸易情况表

	进口量/万吨	进口额/万美元	出口量/万吨	出口额/万美元
椰子（鲜果）	47.28	26 222.0	63.92	22 525.1
椰子（干制）	32.06	48 245.8	32.92	50 752.1
椰子饼	103.74	24 060.2	107.46	27 214.5
椰子油	222.06	226 777.1	220.67	214 392.6
干椰肉	7.88	5 950.8	9.06	5 020.8

数据来源：FAOSTAT。

1.2　国内情况

1.2.1　生产情况

根据各省区发展南亚热带作物办公室的统计，2016 年中国椰子种植总面积达 51.75 万亩，当年收获面积 43.50 万亩，其中，海南收获面积 43.45 万亩，广东 0.02 万亩，云南 0.03 万亩。

2016 年，椰果产量 22 229.77 万个，海南椰果产量 22 185.50 万个，广东椰果产量 11 万个，云南椰果产量 33.27 万个。

2016 年全国椰果单位面积产量 511.03 个/亩，其中，海南椰果单位面积产量 510.60 个/亩，广东椰果单位面积产量 550.00 个/亩，云南椰果单位面积产量 1 109.00 个/亩。

2016 年全国椰子总产值 40 119.20 万元，其中，海南省椰子产值 39 942.00 万元，广东省椰子产值 19.80 万元，云南省椰子产值 157.40 万元。

1.2.2　加工情况

中国年加工椰子约 25 亿个，椰子加工产业链比较完善，椰子加工的副产物如椰衣纤维、椰糠、椰壳、椰子种皮和椰子水等全部被加工利用。产品涉及化工原料、食品、化妆品、医药品及板材等各大类，其中包括椰子油、椰子汁、椰子糖、椰子粉、食用椰干等大宗产品和椰壳活性炭、中碳链甘油三酯、椰子甲酯、表面活性剂等高附加值的产品。采集椰子花序汁液和提取椰子油，可有效提高椰子加工的综合效益，东南亚许多国家开发出椰花汁、椰花醋、椰花酒、口服液和速溶椰花汁浓缩粉等产品。

海南椰子产量占全国总产量的99%，加工企业占全国的70%，椰子加工率为30%，椰子损失约16%，近一半的鲜椰果喝完水就丢弃，对椰子副产品没有进一步开发利用。由于土地面积、种植规模小，加工企业原料紧缺、精深加工水平有限等问题的制约，阻碍了海南椰子加工业的发展。

1.2.3 产业经营方式

海南椰子市场基本处于小规模分散经营的状态，椰果耗损，加工技术落后，营销理念保守，流通效率较低，严重阻碍了产业的发展。曾南春提出了发展椰子产业重度垂直电商生态系统的项目设想，通过搭建找椰网，打造椰子产业首个B2B重度垂直电商平台，发展“公司+合作社+农户+金融”的资源整合性企业和“种植+采摘+分拣+保鲜+包装+物流+电子商务+技术研发+精细化加工+品牌管理”全产业链经营模式。

1.2.4 科研进展情况

在分子生物技术方面，国外的Puch-Hau，C等对椰子NBS抗病候选基因进行了克隆和功能分析；国内的Yuan，Yijun等对椰子胚乳β-酮脂酰ACP合成酶I基因进行了克隆和功能鉴定，还克隆了椰子胚乳溶血磷脂酸酰基转移酶基因（*CnLPAAT*），并研究了该基因在酿酒酵母和烟草中的表达情况；Deepatharshini D提取300 mg/ml凤眼莲叶活性物质，能有效抑制Ganoderma lucidum引起的椰子茎基腐病。在椰子病虫害防治方面，对椰子采后蒂腐病、椰子基腐病菌、椰子茎基腐病等多种病害的防治研究取得进展，Rajendran L等发现内生细菌枯草芽孢杆菌EPC 5能抑制椰子基腐病菌Ganoderma lucidum（Leys）Karst的生长繁殖，并且能诱导椰子重要防御酶的表达，提高防御酶的活性。在椰子副产品加工利用方面，国外科研人员利用椰子提取物合成铅纳米颗粒（Pb-NPs），研究椰子水的抗氧化活性和心血管疾病的关系，椰子内果皮的乙醇提取物具有较高的抗糖尿病作用；国内科研人员对椰子种皮油的提取工艺进行了优化，还有以椰子中果皮为原料，采用硝酸-乙醇法提取纤维素制备微晶纤维素，均取得良好科研进展。此外还发明了基于PLC的椰子自动剥衣机、椰壳自动粉碎机、椰子果肉切片机、自动化椰子打孔机等。

2　中国椰子产业分区域发展情况分析

2.1　海南省的椰子生产

在中国，椰子种植区域主要集中在海南，椰子生产和加工也集中在海南，1998年，海南省政府发出了“大种椰子、富民强省”的号召，1999年1月全面启动“百万亩椰林工程”。文昌市、琼海市和陵水县是海南省面积相对较大的椰子生产市县，依托中国热带农业科学院椰子研究所提供的科技支撑，近年来海南省椰子产业发展迅速，也成为产业扶贫中的一种重要推广作物。

2.2　云南省和广东省的椰子生产

广东椰子主要在雷州半岛，云南主要集中在西双版纳。

2.3　中国椰子市场形势分析

2.3.1　椰子综合平均价格变动情况

据三亚市发改委价格监测中心的数据显示，2017年3月，海南三亚市的青皮椰子（带皮）市场平均价格为8.6元/个，红皮椰子（去皮）市场平均价格为8.58元/个。据食品商务网的消息，北京八里桥农产品中心批发市场价为3.7元/个，江苏无锡锡澄果品批发市场价为3.7元/个，河南豫南阳果品批发价为9.6元/个。椰子的价格地区差异化比较大，同样是在批发市场拿货，由于品种不同、来源不同导致不同批发市场椰子批发价差异较大。

2.3.2　椰子产业效益分析

按5年正常结果来算，如果1亩地种植18株椰子，种植成本主要摊在椰苗、人工费、土地租金和水肥农资等上，种植椰子1亩地投入成本为4 000~4 500元，第5年平均每棵椰子树产果50个，按照椰子地头收购价5~6元/个，年产值4 500~5 400元/亩，第6年平均每棵椰子树产果100个，纯收入超过5 000元。目前海南椰子产品有三大系列：椰子汁、椰子粉和椰子糖，椰子食品品牌以椰树、南国、春光等为主打；非食品以小作坊生产为主，有椰衣栽培基质、椰垫、门垫等；手工艺品系列有家具、餐具、壁画、挂饰等。椰子树是热带农业风光的一张名片，非常具有热带特色，如果将休闲农业理念带入椰子产业发展，并结合椰子树的林下经济作物间作和林下种养，将带动产生较显著的社会效益、经济效益和生态效益。

2.4 中国椰子对外贸易情况

根据海关信息网的统计，中国椰子进出口贸易的主要产品是未去内壳的椰子、椰干和其他椰子产品，2016 年中国椰子产品对外贸易表现为逆差，进口贸易远大于出口，未去内壳椰子的进口量 38 471. 85 吨，进口额 1 295. 71 万美元；椰干的进口量 7 721. 76 吨，进口额 1 453. 13 万美元；其他椰子产品进口量 1 471. 31 吨，进口额 134. 20 万美元；在出口贸易方面，未去内壳椰子尚未有出口，椰干的出口量 0. 82 吨，出口额 0. 41 万美元，其他椰子产品出口量 39. 97 吨，出口额 1. 20 万美元。2016 年中国椰子产品进出口贸易总情况见表 2-1。

表 2-1　2016 年中国椰子产品进出口贸易总情况

品类	进/出口量/吨	进/出口额/万美元
未去内壳（内果皮）椰子	总进口量	总进口额
	38 471. 85	1 295. 71
椰干	总进口量	总进口额
	7 721. 76	1 453. 13
	总出口量	总出口额
	0. 82	0. 41
其他椰子产品	总进口量	总进口额
	1 471. 31	134. 20
	总出口量	总出口额
	39. 97	1. 20

数据来源：海关信息网。

2. 4. 1　椰子对外贸易区域

中国未去内壳椰子的进口排名前十名的省（市）主要有海南、广东、上海、山东、福建、浙江、辽宁、北京、广西和天津，海南进口量266 556. 65 吨，比排名第二的广东 23 263. 60 吨，多 10 倍有余，上海的进口量 23 188. 57 吨，和广东差不多，其他省份进口量未超过 1 万吨；椰干的进口排名前十名的省（市）主要有福建、广东、上海、海南、江苏、山东、北京、浙江、天津和河南，福建进口量 3 544. 80 吨，广东进口量 3 118. 86 吨，其他省份未超过 1 千吨，具体情况见表 2-2。

表 2-2　2016 年 1—12 月我国椰子产品进口地区情况

未去内壳（内果皮）椰子

排名	省（市、区）	进口量/吨	进口额/万美元
1	海南	266 556. 65	7 987. 42
2	广东	23 263. 60	2 363. 18
3	上海	23 188. 57	2 006. 20
4	山东	1 988. 86	174. 14
5	福建	992. 99	89. 25
6	浙江	543. 54	45. 73
7	辽宁	82. 08	8. 40
8	北京	39. 85	3. 38
9	广西	18. 17	2. 15
10	天津	19. 00	1. 51

椰干

排名	省（市、区）	进口量/吨	进口额/万美元
1	福建	3 544. 80	642. 41
2	广东	3 118. 86	566. 36
3	上海	957. 14	223. 20
4	海南	51. 71	8. 07
5	江苏	26. 49	5. 85
6	山东	14. 86	4. 69
7	北京	2. 02	1. 18
8	浙江	4. 59	0. 69
9	天津	1. 28	0. 62
10	河南	0. 02	0. 07

（续表）

其他椰子产品			
排名	省（市、区）	进口量/吨	进口额/万美元
1	广东	580.77	58.45
2	上海	490.10	39.04
3	浙江	127.04	10.67
4	北京	106.66	10.52
5	辽宁	82.08	7.57
6	山东	59.51	5.37
7	福建	19.49	2.00
8	广西	5.20	0.46
9	天津	0.14	0.06
10	河南	0.32	0.05

数据来源：海关信息网。

中国椰干出口省份仅湖南、安徽和贵州3省，出口量非常少；其他椰子产品出口仅广东和黑龙江，具体出口情况见表2-3。

表2-3　2016年1—12月中国椰子产品出口地区情况

椰干

排名	省（市、区）	出口量/吨	出口额/万美元
1	湖南	0.72	0.39
2	安徽	0.03	0.01
3	贵州	0.08	0.01
其他椰子产品			
排名	省（市、区）	出口量/吨	出口额/万美元
1	广东	38.73	1.00
2	黑龙江	1.23	0.20

数据来源：海关信息网。

2.4.2 椰子对外贸易国家

2016年，中国未去内壳椰子主要进口国家有印度尼西亚、泰国、印度、越南和菲律宾，从印度尼西亚进口25 657.03吨，进口额744.55万美元，排名第一。椰干进口量超过1千吨的主要进口国有菲律宾、印度尼西亚、越南 3 国，其他国家为少量进口。从泰国进口的其他椰子产品进口量为 1 389.63 吨，进口额 115.30 万美元，具体情况见表 2-4。

表 2-4　2016 年 1—12 月中国椰子产品进口国家情况

未去内壳（内果皮）椰子			
排名	国家	进口量/吨	进口额/万美元
1	印度尼西亚	25 657.03	744.55
2	泰国	2 559.61	224.90
3	印度	7 394.69	209.23
4	越南	2 293.64	98.80
5	菲律宾	566.89	18.23
椰干			
排名	国家	进口量/吨	进口额/万美元
1	菲律宾	2 965.69	617.17
2	印度尼西亚	2 959.77	505.58
3	越南	1 011.55	162.80
4	马来西亚	753.66	152.53
5	泰国	7.31	8.37
6	斯里兰卡	14.86	4.69
7	印度	7.86	1.26
8	美国	0.98	0.59
9	意大利	0.06	0.07
10	加拿大	0.02	0.07
11	西班牙	0.01	0.02
其他椰子产品			
排名	国家	进口量/吨	进口额/万美元
1	泰国	1 389.63	115.30
2	马来西亚	37.00	14.50
3	印度尼西亚	44.54	4.33
4	美国	0.14	0.06

数据来源：海关信息网。

2016 年中国内地有少量椰干出口到美国、加拿大、马来西亚、中国香港，出口量均不足1吨，出口其他椰子产品38.73万吨到中国澳门，具体情况见表2-5。

表2-5　2016年1—12月中国内地椰子产品出口国家（地区）情况

椰干			
排名	国家（地区）	出口量/吨	出口额/万美元
1	中国香港	0.58	0.32
2	美国	0.14	0.08
3	加拿大	0.03	0.01
4	马来西亚	0.08	0.01
其他椰子产品			
排名	国家（地区）	出口量/吨	出口额/万美元
1	中国澳门	38.73	1.00
2	俄罗斯联邦	1.23	0.20

数据来源：海关信息网。

3　中国椰子产业2017年形势预测

椰子树为多年生植物，生长周期很长，高种椰子经济寿命长达70~80年，矮种椰子经济寿命30~40年，预计2017年椰子种植面积上升幅度不大。种植椰子的成本主要摊在土地租金、人工、水肥、农资和椰树苗，地租和人工费每年有所提高，其他3项相对较稳，预计2017年椰子每亩投入成本将与2016年持平。2016年1月份的寒害严重，受台风侵袭的影响，2017年椰子价格有所上涨。

4　中国椰子产业发展制约因素及对策

4.1　面临的形势及存在的主要问题

4.1.1　政府给予椰子产业相关优惠政策和倾斜度不足

与东盟国家相比，中国椰子产品的国际竞争优势较弱，产业规模小。尽管近年来政府也加大了对椰子产业的支持力度，但与东盟相比，中国椰子产业的国内优惠政策和补贴措施有限，进而影响了椰子种植、精深加工和出口贸易发展。

4.1.2 科研投入不足，研究基础比较薄弱

与其他南亚热带作物相比，中国椰子相关研究基础薄弱，多年来偏向引进国外先进技术，科技原创性较低，对附加值高的椰子深加工产品研发和投入力度远不足。此外，由于椰子废弃物处理成本较高，导致椰子副产品的资源化和能源化利用程度较低。

4.1.3 椰子产品科技附加值和标准化程度不高

中国椰子产品精深加工水平有限，缺乏相应的椰子产品标准等，行业内屡次出现质量安全事件，如滥用焦亚硫酸钠加工鲜椰青、木薯粉冒充椰子粉、椰汁蛋白质含量过低等问题频频曝光。椰子产品质量问题如果不解决，将会对中国椰子在海外市场销售带来不利影响。

4.2 中国椰子产业发展建议

4.2.1 推行优惠政策，与东盟的优势互补

为提高椰子产品的国际市场竞争力，相关部门应推行扶持椰子产业的优惠政策，改善投融资环境，如椰园土地承包或租赁、农业保险、税收贷款和信用担保等方面的优惠政策。中国椰子品种选育和病虫害防治比东盟先进，而印度尼西亚等国资源丰富，越南等国劳动力充足，应通过农业投资和技术输出等方式与东盟开展椰子产品综合开发利用，以椰子产品出口多元化战略为导向，调整产业发展层次，形成“10+3”的更大共同市场，充分利用国内国外两个市场和两种资源，实现互利共赢。

4.2.2 “走出去”和“引进来”并重，加大科研投入

以发展椰子产品精深加工和提高资源综合利用率为目的，增加对椰子产业的科研投入，推进分子生物学和基因工程的联合科研攻关，联合椰子优质高效栽培、优良品种选育、种质资源保护、产后加工保鲜、病虫害防控等技术的研发与集成。引进国外先进技术和设备的同时，也引导椰子企业享受自贸区内的优惠政策。建立安全、优质、低耗、绿色、生态的椰子加工产业体系。同时鼓励椰子种植加工企业，海外拓展基

地，满足国内市场需求。

4.2.3 建立健全椰子产业预警机制和管理服务平台

对椰子病虫害监测、产地环境监管、生产贸易估算等建立模型，提供科学精准的预警预测信息。建立椰子贸易产品加工监测的方法制度、指标体系、信息数据库和信息发布平台，在基层设立椰子信息采集点，开展信息采集、跟踪、专题分析和研究工作，跟踪国际市场上椰子产品加工标准，及时掌握CAC、ISO等国际标准组织和主要贸易国农产品加工标准及相关政策的调整变动情况，形成监测预警报告，加强椰子预警信息建设。建议椰子产业技术创新战略联盟增设风险评估和信息咨询服务；建立椰子产业公共服务体系，提供产业资讯、行业监测、人才培训、技术支持、信用管理、对外交流、法律咨询等方面的服务。

4.2.4 加强质量监督管理，提高椰子出口产品的标准化水平

为确保椰子产品符合出口欧美的指标，应提高椰子产品的科技附加值和标准化水平，如提取椰子有机物生产高级化妆品、生物医药、保健品、洗涤用品等，以产品的特色优势和质量优势开拓国际市场。推行GMP、HACCP、ISO9000、ISO22000族系质量管理与控制体系，建立健全风险监测、生产许可、监督抽查、产品召回、应急处理等监管制度，加强对椰子产品加工全过程的质量监督管理。

咖啡产业发展情况及形势预测

咖啡是世界重要的饮料作物和热带经济作物，在非洲、美洲、亚洲和大洋洲的热带和南亚热带地区均有种植，主要生产国有巴西、越南、哥伦比亚、印度尼西亚、埃塞俄比亚、印度、洪都拉斯、墨西哥、秘鲁、危地马拉等国家。美洲和亚洲是全球咖啡鲜果主要产区，其中美洲产量占世界总产量的50%以上，亚洲产量接近世界产量的30%。

在中国适宜种植咖啡的省（区）主要有云南、海南、广东、广西等，其中云南、海南咖啡种植历史悠久，是中国咖啡的主要生产种植地。云南省咖啡种植面积和产量均占到全国98%以上，是中国主要的种植区域。非洲和亚洲等新兴市场国家咖啡涨势迅猛。在新兴市场中，中国的消费增长尤为快速，虽然中国咖啡市场规模基数小，但每年增长率高达25%以上，超过世界平均水平的10倍。

1　世界咖啡产业发展基本情况

1.1　国外情况

1.1.1　生产情况

目前，世界咖啡种植面积约为1.2亿公顷，2016/17收获季产量为15 386.9万袋，达923.21万吨，2007/08—2016/17收获季世界咖啡产量情况见表1-1。

巴西是全球最大的咖啡生产国，主要生产价位较高的阿拉比卡咖啡豆。据巴西国家商品供应公司统计，巴西咖啡种植面积达到了223万公顷，产量接近世界总产量的40%。巴西咖啡协会统计，2016/17年收获季生产咖啡5 500万袋，产量达330万吨，2007/08—2016/17收获季巴西咖啡产量情况见表 1-2。

表 1-1　2007/08—2016/17 收获季世界咖啡产量数据

收获季	2007/08	2008/09	2009/10	2010/11	2011/12
产量/千袋	122 913	134 064	127 783	139 600	147 904
产量/万吨	737. 48	804. 385	766. 699	837. 599	887. 424
收获季	2012/13	2013/14	2014/15	2015/16	2016/17
产量/千袋	149 623	152 228	148 738	151 565	153 869
产量/万吨	897. 737	913. 367	892. 431	909. 393	923. 214

表 1-2　2007/08—2016/17 收获季巴西咖啡产量数据

收获季	2007/08	2008/09	2009/10	2010/11	2011/12
产量/千袋	38 987	50 490	43 977	53 428	50 592
产量/万吨	233. 92	302. 941	263. 861	320. 57	303. 551
收获季	2012/13	2013/14	2014/15	2015/16	2016/17
产量/千袋	55 420	54 698	52 299	50 388	55 000
产量/万吨	332. 521	328. 188	313. 794	302. 326	329. 999

越南已成为世界上第二大咖啡生产国，种植面积约 60 万公顷，2016—2017 收获季生产咖啡 2 550 万袋，产量达 153 万吨，2007/08—2016/17 收获季越南咖啡产量情况见表 1-3。

表 1-3　2007/08—2016/17 收获季越南咖啡产量数据

项目	2007/08	2008/09	2009/10	2010/11	2011/12
产量/千袋	16 405	18 438	17 825	20 000	26 500
产量/万吨	98. 43	110. 63	106. 95	120. 00	159. 00
项目	2012/13	2013/14	2014/15	2015/16	2016/17
产量/千袋	23 402	27 610	26 500	28 737	25 500
产量/万吨	140. 41	165. 66	159. 00	172. 42	153. 00

哥伦比亚是世界上第三大的咖啡生产国，种植面积约 107 万公顷，

2016/17 收获季生产咖啡 1 450 万袋，产量达 87 万吨，2007/08—2016/17 收获季哥伦比亚咖啡产量情况见表 1-4。

表 1-4　2007/08—2016/17 收获季哥伦比亚咖啡产量数据

项目	2007/08	2008/09	2009/10	2010/11	2011/12
产量/千袋	12 516	8 664	8 098	8 523	7 652
产量/万吨	75. 09	51. 98	48. 59	51. 14	45. 91
项目	2012/13	2013/14	2014/15	2015/16	2016/17
产量/千袋	9 927	12 163	13 339	14 009	14 500
产量/万吨	59. 56	72. 98	80. 04	84. 05	87. 00

印度尼西亚是世界第四大咖啡生产国，种植面积达 130 万公顷，远多于越南、哥伦比亚等主要种植国，但每公顷产量仅 760 千克，比巴西（每公顷 6~7 吨）和越南（每公顷 3~4 吨）低了很多，极大影响了印度尼西亚咖啡产量。2016/17 收获季生产咖啡 1 149 万袋，产量达 685. 95 万吨，2007/08—2016/17 收获季印度尼西亚咖啡产量情况见表 1-5。

表 1-5　2007/08—2016/17 收获季印度尼西亚咖啡产量数据

项目	2007/08	2008/09	2009/10	2010/11	2011/12
产量/千袋	7 777	9 612	11 380	9 129	10 644
产量/万吨	46. 66	57. 67	68. 28	54. 78	63. 86
项目	2012/13	2013/14	2014/15	2015/16	2016/17
产量/千袋	11 519	11 265	11 418	12 317	11 491
产量/万吨	69. 11	67. 59	68. 51	73. 90	68. 95

1. 1. 2　消费情况

据统计，2015—2016 年全球咖啡消费量为 155 469 千袋，主要生产国中巴西消费约 20 500 千袋，哥伦比亚约为 1 672 千袋，印度尼西亚约 4 500 千袋，越南约 2 300 千袋，2012/13—2015/16 年主要生产国咖啡消费情况见表 1-6。

欧盟、美国、日本、加拿大、俄罗斯等是咖啡纯进口国家（地

表 1 – 6　2012/13—2015/16 年主要生产国咖啡消费数据

	产量	巴西	印尼	埃塞	菲律宾	墨西哥	越南	印度	哥伦比亚	委内瑞拉	泰国
2012/13	千袋	20 330	3 900	3 400	2 325	2 354	1 825	2 000	1 441	1 650	1 130
	万吨	121.98	23.4	20.4	13.95	14.124	10.95	12	8.646	9.9	6.78
2013/14	千袋	20 085	4 167	3 650	2 550	2 354	2 000	2 100	1 469	1 650	1 200
	万吨	120.51	25.002	21.9	15.3	14.124	12	12.6	8.814	9.9	7.2
2014/15	千袋	20 333	4 333	3 675	2 800	2 354	2 200	2 200	1 505	1 650	1 250
	万吨	121.998	25.998	22.05	16.8	14.124	13.2	13.2	9.03	9.9	7.5
2015/16	千袋	20 500	4 500	3 700	3 000	2 354	2 300	2 250	1 672	1 650	1 300
	万吨	123	27	22.2	18	14.124	13.8	13.5	10.032	9.9	7.8

表 1 – 7　2012/13—2015/16 年主要进口国咖啡消费数据

项目	单位	欧盟	美国	日本	俄罗斯	加拿大	阿尔及利亚	韩国	澳大利亚	沙特阿拉伯	乌克兰
2012/13	千袋	41 662	23 268	7 353	3 521	3 510	2 123	1 748	1 564	1 256	1 313
	万吨	249.97	139.61	44.12	21.13	21.06	12.74	10.49	9.38	7.54	7.88
2013/14	千袋	41 458	23 901	7 501	3 948	3 805	2 147	1 873	1 543	1 320	1 246
	万吨	248.75	143.41	45.01	23.69	22.83	12.88	11.24	9.26	7.92	7.48
2014/15	千袋	42 429	23 743	7 594	3 846	3 616	2 158	1 963	1 713	1 566	1 106
	万吨	254.57	142.46	45.56	23.08	21.70	12.95	11.78	10.28	9.40	6.64
2015/16	千袋	42 604	25 336	7 790	4 303	3 595	2 282	2 161	1 720	1 566	1 124
	万吨	255.62	152.02	46.74	25.82	21.57	13.69	12.97	10.32	9.40	6.74

区)，其消费量稳步增长，2015—2016 欧盟的消费量为 42 604 千袋，美国 25 336 千袋，2012/13—2015/16 年主要进口国家咖啡消费情况见表 1-7。

1.1.3 市场收购价格

不同咖啡品种的市场收购价格不同，总体上呈现上升趋势，但是近年来的市场收购价格相对 2011、2012 年的高峰时期均有下降。以哥伦比亚温和派和其他温和派咖啡的生产为例，2007—2016 年主要出口国家咖啡收购价格见表 1-8。

表 1-8 2007—2016 年主要出口国家咖啡收购价格

（单位：美分/磅）

国家	2007	2008	2009	2010	2011
哥伦比亚	100.05	114.22	138.96	180.55	239.68
古巴	47.14	70.71	70.71	70.71	70.71
多米尼加	87.13	101.45	106.04	139.13	191.07
萨尔瓦多	75.24	86.05	79.19	109.88	186.74
危地马拉	98.31	111.03	109.64	144.77	212.41
洪都拉斯	81.63	90.56	83.72	125.16	200.02
印度	108.03	121.70	136.89	151.08	228.46
巴布亚新几内亚	76.69	111.78	72.75	94.89	141.24
乌干达	65.01	73.32	60.54	87.23	147.03
国家	2012	2013	2014	2015	2016
哥伦比亚	166.69	113.91	159.71	119.40	123.58
古巴	70.71	221.96	235.71	235.71	235.71
多米尼加	147.81	140.98	183.53	170.98	177.13
萨尔瓦多	120.12	95.28	117.01	87.45	89.53
危地马拉	165.98	127.06	152.83	139.22	131.80
洪都拉斯	141.15	101.80	118.94	110.97	93.17
印度	161.98	117.06	175.65	157.10	132.21
巴布亚新几内亚	98.82	61.99	86.31	66.52	57.50
乌干达	93.68	70.03	103.70	81.27	71.09

1.1.4 主要进口国家零售价格

咖啡主要进口国家零售价格随着市场收购价格的变化而变化，总体上也是在波动中上升，但是近年来主要进口国家零售价格相对 2011、2012 年的高峰时期均有下降。以炒咖啡的销售为例，2007—2016 年主要进口国家炒咖啡零售价格如表 1-9 所示。

表 1-9 2007—2016 年主要进口国家炒咖啡零售价格

（单位：美元/磅）

国家	2007	2008	2009	2010	2011
捷克共和国	4. 39	5. 76	5. 16	5. 01	6. 58
意大利	7. 02	7. 87	7. 68	7. 34	8. 52
拉脱维亚	4. 83	5. 89	6. 10	6. 10	8. 67
立陶宛	4. 59	5. 44	5. 16	5. 37	7. 81
卢森堡	6. 78	7. 52	7. 29	7. 08	8. 22
马耳他	12. 14	13. 21	12. 96	13. 10	14. 81
英国	17. 92	16. 83	15. 99	15. 70	19. 02
日本	8. 09	8. 32	6. 07	6. 39	7. 35
美国	3. 47	3. 52	3. 67	3. 91	5. 19
国家	2012	2013	2014	2015	2016
捷克共和国	7. 13	7. 00	6. 61	5. 75	6. 14
意大利	8. 49	8. 99	8. 85	7. 48	7. 45
拉脱维亚	8. 08	7. 52	6. 89	6. 57	6. 46
立陶宛	7. 09	6. 60	6. 55	6. 06	6. 08
卢森堡	7. 89	8. 21	7. 93	6. 91	7. 25
马耳他	14. 15	14. 99	14. 93	12. 80	13. 33
英国	19. 20	18. 92	20. 56	18. 91	16. 29
日本	7. 57	6. 05	5. 68	5. 60	6. 21
美国	5. 68	5. 45	4. 99	4. 72	4. 39

1.1.5 进出口贸易

咖啡的生产主要集中在拉丁美洲、亚洲、非洲等热带地区的发展中国家，而消费主要集中北美、欧洲等地区的发达国家，因此咖啡的国际贸易非常活跃。巴西、越南、哥伦比亚是世界 3 大咖啡出口国，欧盟、日本、俄罗斯、美国是世界咖啡主要进口区域，2007—2016 年主要咖啡出口国家出口情况如表 1-10 所示，主要咖啡进口区域进口情况如表 1-11 所示。

表 1-10　2007—2016 年主要咖啡出口国家出口数据　（单位：千袋）

国家	2007	2008	2009	2010	2011
巴西	28 184	29 510	30 378	33 167	33 806
越南	17 936	16 101	17 052	14 229	17 717
哥伦比亚	11 300	11 085	7 894	7 822	7 734
洪都拉斯	3 312	3 259	3 084	3 349	3 947
印度	3 319	3 377	3 007	4 647	5 414
印度尼西亚	4 149	5 741	7 907	5 489	6 159
秘鲁	2 879	3 733	3 074	3 817	4 697
乌干达	2 693	3 311	3 014	2 657	3 142
危地马拉	3 726	3 778	3 493	3 468	3 697
埃塞俄比亚	2 604	2 852	1 851	3 324	2 675
墨西哥	2 912	2 448	2 838	2 98	2 907
尼加拉瓜	1 259	1 625	1 374	1 712	1 468
国家	2012	2013	2014	2015	2016
巴西	28 549	31 662	36 429	37 018	34 267
越南	22 920	19 718	26 097	20 655	27 422
哥伦比亚	7 170	9 670	10 954	12 716	12 831
洪都拉斯	5 508	4 185	4 252	5 030	5 306
印度	5 044	5 033	5 131	5 262	6 086
印度尼西亚	10 722	10 882	6 175	8 379	6 545
秘鲁	4 310	3 971	2 720	2 790	3 960
乌干达	2 685	3 672	3 442	3 596	3 543
危地马拉	3 750	3 575	3 043	2 961	3 072
埃塞俄比亚	3 203	2 870	3 117	2 985	3 001
墨西哥	3 556	3 132	2 402	2 519	2 384
尼加拉瓜	1 987	1 661	1 901	1 753	1 961

表 1-11　2007—2016 年主要咖啡进口区域（国家）进口数据

（单位：千袋）

区域（国家）	2007	2008	2009	2010	2011
欧盟	66 176	68 391	67 178	69 824	70 236
日本	7 086	7 060	7 090	7 407	7 544
俄罗斯	4 318	4 053	3 553	4 155	4 218
瑞士	1 823	1 978	2 101	2 318	2 498
美国	24 219	24 277	23 578	24 378	26 093
区域（国家）	2012	2013	2014	2015	2016
欧盟	72 263	72 237	76 204	76 889	80 559
日本	7 025	8 381	7 657	8 063	8 026
俄罗斯	4 175	4 410	4 747	4 710	5 233
瑞士	2 478	2 667	2 643	2 748	2 816
美国	26 056	27 016	27 565	27 708	28 838

1.2　国内情况

1.2.1　生产情况

在中国适宜种植咖啡的省（区）主要有云南、海南、广东、广西等，其中云南、海南地区咖啡种植历史悠久，是中国咖啡的主要生产种植地。云南省咖啡种植面积和产量均占到全国 98%以上，是中国主要的种植区域。

根据最新数据统计，中国咖啡种植面积 176.9 万亩，其中海南 1.13 万亩（农垦 0.06 万亩）、云南 175.46 万亩（农垦 1.52 万亩）、四川 1.65 万亩；总产量 15.87 万吨，其中海南 0.034 万吨、云南 15.84 万吨、四川 0.16 万吨。

中国咖啡单位面积产量 131.28 千克/亩，其中海南 114.00 千克/亩、云南 131.33 千克/亩、四川 150.00 千克/亩。

中国咖啡目前还没有自主选育的品种应用于生产，均为外来种。云南主要种植小粒种咖啡，海南主要种植中粒种咖啡。铁皮卡和波邦这 2 个经典的优质咖啡品种为云南咖啡主要栽培品种，这 2 个品种抗病毒能力强、产量高。1911 年从肯尼亚引入的卡帝莫系列品种抗病毒能力更强、产量更高，属于阿拉伯种（又称小粒种）的变种。云南地区目前种植最广泛的就是卡帝莫，少数种植铁皮卡。

1.2.2 市场情况

中国咖啡市场的国际联动性很强，国内外价格走势具有一致性。国外价格通过商品贸易和信息迅速传导到国内，而中国没有咖啡期货产品，不具有市场定价权，只能被动接受价格传导。当前，云南雀巢、星巴克及当地的后谷等咖啡企业都参照最新的纽约期货价格来确定咖啡的收购价，并在其基础上下调 7 美分/磅左右。云南不少的咖啡豆质量要高于纽约期货交易的产品质量，但是所获得的价格却远没有与之相匹配。

进入新世纪以来，在国际市场带动下，中国咖啡价格不断震荡上行，2010 年，云南咖啡价格突破 41 元/千克（约合 270 美分/磅），创下历史最高记录。国内生产在高价位刺激下不断扩张，规模持续增长。但进入 2011 年以后，受巴西、哥伦比亚、越南和印度尼西亚等咖啡主产国产量增长较快，全球消费增长缓慢等因素影响，国内外咖啡市场价格不断下行、屡创新低、陷入低迷。截至 2016 年 12 月，纽约商业交易所咖啡期货主力合约价格 1.445 美元/磅，主产区云南咖啡市场平均价格约 19.5 元/千克。2016 年各月度市场价格如表 1-12 所示。

表 1-12　2016 年各月度咖啡市场价格（单位：元/千克）

项目	1 月	2 月	3 月	4 月	11 月	12 月
市场价格	16.77	16.63	17.71	17.45	22.6	19.5

1.2.3 进出口贸易

据中国海关数据显示，2016 年中国咖啡进口数量为 8.43 万吨，进口金额为 4.94 亿美元；出口数量为 11.08 万吨，出口金额为 5.28 亿美元，2009—2016 年中国咖啡进出口数据如表 1-13 所示。

表 1-13　2009—2014 年中国咖啡进出口数据

年份	出口量/千克	出口金额/千美元	进口量/千克	进口金额/千美元
2009	32 733 565	81 490	21 789 930	50 807

（续表）

年份	出口量/千克	出口金额/千美元	进口量/千克	进口金额/千美元
2010	32 908 157	102 197	30 312 881	70 388
2011	37 915 319	179 737	42 997 912	129 805
2012	61 426 076	232 805	57 582 971	168 679
2013	76 065 713	216 705	48 122 177	142 502
2014	71 720 471	222 424	65 714 746	187 459
2015	66 426 961	227 227 575	59 201 744	228 911 530
2016	110 757 375	528 455 784	84 322 764	493 769 938

1.2.4 科技进展

第26届世界咖啡科学大会暨首届亚洲咖啡年会在中国云南召开，在咖啡消费和健康，咖啡化学成分在活性、气味、风味中的作用，咖啡种植，基因组学，可持续发展，病理学，育种及虫害和咖啡的质量控制方面的科学研究均取得了显著的进展。云南农业大学盛军团队研究表明，咖啡因能刺激中央与周边神经系统，能激发自主活动，增加人体的锻炼功能；邱明华课题组发现了小粒咖啡35个新型化学成分，主要是二萜和新色胺生物碱，新色胺生物碱对抗抑郁和老年痴呆和帕金森病有积极作用；不同的加工方式、贮存条件对咖啡中的微生物及化学成分存在影响，在存贮过程中，将存贮的温度降低，能够更好地保证咖啡的质量；全球气候变暖导致咖啡产量的降低以及病虫害加剧，这对于咖啡产业来说，咖啡质量会受到灾难性的打击等。未来可构建一个可共享种植条件和信息的咖啡国际合作网络，以去解决咖啡种植业目前及未来所面临的问题，病虫害、生产问题、杯品品质和气候变化等将是咖啡产业研究的一个方向。

1.2.5 产业特点

中国咖啡产业具有以下特点。

（1）近年来中国咖啡种植面积基本稳定，云南省咖啡处于中国咖啡产业主导地位，种植面积和产量占全国98%以上。

（2）中国的咖啡销售主要依靠雀巢、麦氏，海南省及云南省的几个咖啡加工企业，还有一些临时组成的销售企业，咖啡销售的网络不健全。

(3) 中国市场上销售的咖啡主要以外国品牌为主，如雀巢、上岛、蓝山及星巴克等，国内没有知名的咖啡品牌。云南是全国咖啡原料对外最大输出地，而并非咖啡贸易大省，整个行业处于咖啡生产、加工、消费整个产业链条的最上游，因此具有对国际市场价格波动急剧敏感、利润增值率低、种植经营风险高等特点，存在典型“外向型”农业经济和出口以“数量驱动”的明显特征。

2 中国咖啡产业分区域发展情况分析

2.1 海南省

海南地处全球咖啡黄金腰带上居中位置，种植条件良好。中国的第一个咖啡品牌（兴隆咖啡）和第一家咖啡研究机构（中国热带农业科学院香料饮料研究所）在海南创建。海南所种小粒与中粒种咖啡品质优异，兴隆与福山咖啡先后被授予国家地理标志产品，万宁市隆苑咖啡于 2010 年获得有机食品认证书，成为中国第一家有机咖啡产地。鼎盛时期，海南全省种植咖啡面积达 23 万亩，但由于海南土地面积有限，劳动力紧缺，自 1989 后许多咖啡种植者从比较效益权衡，大面积砍掉咖啡树改种冬季瓜菜、香蕉或槟榔。目前，海南咖啡种植面积仅有 1.13 万亩左右，年产量 0.034 万吨。而作为海南特色旅游商品与饮料，咖啡需求趋增，全省咖啡企业需求量至少为 3 000 吨。澄迈县是海南咖啡生产第一县，面积占到海南省面积的 71.5%，产量占海南省产量的 59.06%；其次是琼中县、万宁市，琼中县生产面积占全省的 12.52%，产量占全省的 6.73%，万宁市生产面积占全省的 10.52%，产量占全省的 17.25%。

目前，海南咖啡形成北有福山，南有兴隆，中有力神咖啡的三足鼎立格局。海南其他本土咖啡品牌 10 余种，有些在海南旅游商品市场虽然有些名气，但生产规模均不大、产量不高、大多是进口原豆加工，产品质量难以保证，良莠不齐，且大多为低档货，影响了海南咖啡产业声誉。由于原料有限，海南咖啡市场长期囿于岛内，形成岛内无人不知，岛外无人知晓的尴尬状况，甚至在内地大城市很少能见到海南三大咖啡品牌出现在超市货架。

2.2 云南省

相比于海南省咖啡产业发展，云南省咖啡产业已经开始向规模化、标准化方向发展。云南省人民政府出台过关于加快咖啡产业发展的意见，也出台了咖啡产业发展规划，从种植基地布局、加工基地布局、现代物流体系布局等方面提出了未来云南省咖啡产业的发展方向。目前云南咖啡面积达175万亩，产量达15.8多万吨，已成为中国主要咖啡产区，产量占全国98%以上。目前，云南咖啡近4成的产量来自普洱，截至2016年年底，普洱市咖啡种植面积已达76万亩，投产面积56万亩，咖啡豆产量5.5万吨，咖啡出口到美洲、欧洲、亚洲等30多个国家和地区；德宏州作为“中国咖啡之乡”，咖啡面积发展至27万亩，投产面积14万亩，咖啡豆产量2.8万吨；到2016年年底，临沧市咖啡产业建成咖啡基地51万亩，产量1.70万吨；保山市作为云南省咖啡产业化种植最早的地区，截至2016年末全市咖啡种植面积也发展至19万亩，产量2.8万吨。

3 中国咖啡产业2017年形势预测

近十年来咖啡店如雨后春笋般地在我国各大城市的街头涌现，咖啡消费群体正在壮大，而且每年国内的咖啡消费市场还在持续扩大。虽然目前国内人均咖啡消费量与欧美国家相比还有很大差距，但我国咖啡市场正在以每年30%以上的速度扩大。由于前几年种植的咖啡陆续进入收获期，2017年咖啡产量将大幅度增加，咖啡种植面积也将进一步扩大。云南省在2017年仍将延续大量出口的现状，相比2016年出口量将有所增长。对于价格来说，受消费需求增长、库存下降的双重影响，预计2017年价格相比2016年有所回升。

4 中国咖啡产业发展制约因素及对策

4.1 中国咖啡产业面临的形式及存在主要问题

中国在咖啡种质资源的收集、引种保存、选育种、丰产栽培技术及病虫害防控等一系列的科学研究上取得了长足的进步，但咖啡总体科技创新能力还不强，科技支撑产业的后劲不足，农技推广体系建设较为滞后，标准化种植管理水平较低，良种、良法不配套，且种植品种相对单一，随着灾害性天气和病虫害的多发重发，咖啡园易出现早衰、低产等现象。农户种植产品质量一致性较差，生产领域中的共享、互认和协同等关键技术瓶颈以及标准规范体系缺失等是中国咖啡产业面临的主要问题。

中国咖啡产业组织化水平还较低，市场风险应对能力弱。咖啡种植多为小农分散经营，咖啡产业化和组织化程度处于初级阶段，产销脱节的现象仍然存在。在价格过高时，农民囤积不卖；在价格过低时，咖啡豆难卖现象存在这些都不利于产业的持续发展。

企业竞争力不强，无法做到优质优价。中国咖啡加工企业数量多、规模小，仅云南省咖啡加工企业就近百家，整体实力不强，难以保证区域产品的一致性。缺乏精深加工产品，多以提供原料形式为主，市场价格比世界公认的哥伦比亚等国产品要更低。

虽然近几年，中国咖啡消费量较快增长，但中国不是传统消费国，咖啡人均消费量相比美国、欧盟等咖啡传统消费国家和地区仍然很少。国产咖啡一半以上用于出口，严重依赖国外市场，国内咖啡消费增长动力不足，这也成为国内咖啡产业发展必破的课题。

4.2 中国咖啡产业发展对策建议

为适应世界级咖啡消费市场的变化，促进中国咖啡产业持续良性发展，建议采取以下措施。

制定规范化的栽培管理规程，出台行业质量标准。根据中国产区省份的不同，可结合实际情况制定符合国际管理规范化的咖啡管理规程，出台相应的咖啡行业标准体系，从咖啡品种选育、育苗、种植管理到鲜果采摘，直至初加工、精加工、品质检测鉴定、仓储和销售等各个环节严格栽培规范和操作流程。

培育组建由政府、企业、高校和科研单位联合的咖啡产业协同创新，以及农科教相结合的社会化服务体系，对关键技术进行联合科技攻关。

选育优质咖啡品种，研发精深加工技术。注重精深加工和品牌营销，充分挖掘咖啡的内涵，融合本土特色文化，提高终端产品质量，进一步延伸咖啡产业链。

加快中国咖啡交易中心建设，打造其成为亚洲最大咖啡交易市场，争取中国在世界咖啡行业话语权，保障中国咖啡产业效益。

甘蔗产业发展情况及形势预测

中国是世界上第三大食糖生产国，甘蔗是中国主要的糖料作物，面积占中国常年糖料面积的85%以上，产糖量占全国食糖总产的90%以上。甘蔗产业是糖业的来源，糖业是涉及农业、工业及第三产业的综合性产业，关乎国家命脉。

1 世界甘蔗产业发展基本情况

1.1 国外情况

1.1.1 国外生产情况

2014年，世界甘蔗产业收获面积2 712.47万公顷，同比减少41.14万公顷，巴西、印度和中国是世界上三大甘蔗生产国，占全球甘蔗生产面积和产量的63%以上。其中，前五位主产国的甘蔗收获面积为巴西1 041.97万公顷、印度501.2万公顷、中国176.84万公顷、泰国135.30万公顷、巴基斯坦114.05万公顷，分别占世界总面积的38.41%、18.48%、6.52%、4.99%和4.20%，图1-1显示了世界甘蔗主产区收获面积情况。

2014年，世界甘蔗总产量18.84亿吨，其中，巴西7.36亿吨、印度3.52亿吨、中国1.26亿吨、泰国1.04亿吨、巴基斯坦0.63亿吨，分别占世界总产量的39%、18.69%、6.7%、5.5%和3.33%。2014年世界甘蔗平均单位面积产量69.5吨/公顷，其中，单位面积产量最高的国家为秘鲁，达126.05吨/公顷，五大主产国（以产量计）甘蔗的单位面积产量分别为：巴西70.65吨/公顷、印度70.26吨/公顷、中国71.34吨/公顷、泰国76.64吨/公顷、巴基斯坦55.1/公顷，图1-2显示了

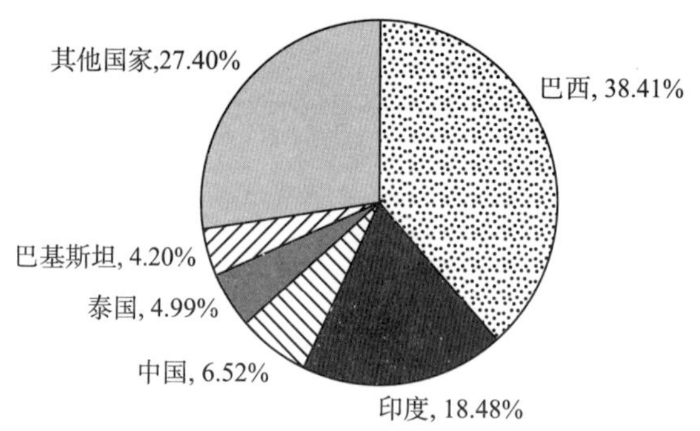

图 1-1　世界甘蔗主产区收获面积

数据来源：FAO。

2014 年世界甘蔗主产区产量数据。

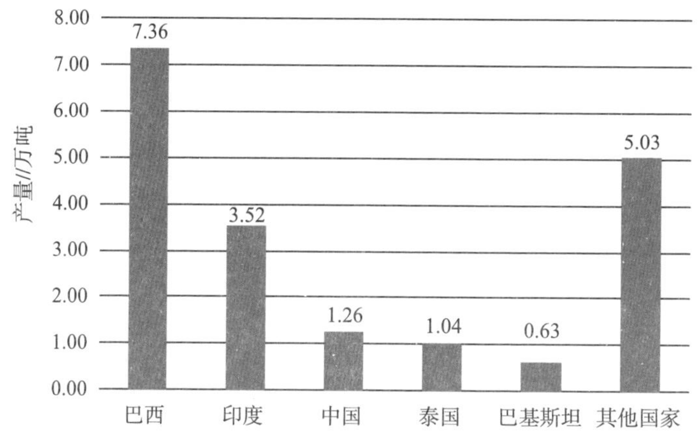

图 1-2　2014 年世界甘蔗主产区产量

数据来源：FAO。

受气候与政策影响，巴西和中国食糖产量大幅减少，印度、澳大利亚和乌克兰食糖产量则增加，因增产影响与减产影响大致相抵，全球食糖总产量基本稳定。据国际糖业组织（ISO）估计，2015—2016 榨季全球食糖产量 1. 669 亿吨，较 2014—2015 榨季下降 2. 58%，其中印度的生产量达到了 2 660. 5 万吨，占全球总生产量的 15%，中国、泰国、墨西哥、巴基斯坦和巴西分别占比 6. 51%，5. 67%，3. 4%，3. 45% 和 0. 07%。

2016—2017 季巴西蔗糖生产量达到 3 778 万吨，同比上涨 9%；中国生产量达到 890 万吨，同比上涨 7.87%；墨西哥的生产量达到 667.8 万吨，同比上涨约 3%；巴基斯坦生产量达到 570 万吨，同比上涨 8.78%；印度的生产量仅有 2 394.5 万吨，同比下降 13%；泰国生产量会稍下滑到 927 万吨，同比下降 4.85%，但总体来说，全球的蔗糖生产量是在上升的。

1.1.2 国外市场情况

从近几年的数据来看，各国对糖的消费量是在不断上升的，世界食糖消费量持续刚性增长。印度是世界第一大食糖消费国，食糖消费量达 2 515 万吨，约占世界消费总量的 14.75%；欧盟 27 国位居第二，消费量为 1 850 万吨，占 10.84%；中国消费量约为 1 490 万吨，占 8.74%。上述国家和地区中，中国和印度尼西亚食糖消费增长最快，美国 2016—2017 年消费量达到 10 886 吨，占全球总消费量 6.27%。巴西 2016—2017 年消费量 10 800 吨，同比稍有下降，占全球总消费量 6.22%。经济发展状况、低糖价和人口增长是食糖消费持续增长的主要原因，未来发展中国家仍是消费增长主力。

世界食糖主要进口地区为东亚、东南亚、欧洲和拉丁美洲。据国际粮农组织（FAO）统计，2013 年世界食糖进口量为 3 623 万吨、进口额 1 836 亿美元，其中，韩国、荷兰、印度尼西亚和马来西亚为主要进口国，进口量分别为 173.5 万吨、2.57 万吨、325.28 万吨和 172.18 万吨，占全球进口总量的 8.98%、4.75%、0.07%和 4.79%。

2013 年世界食糖出口量为 3 725.6 万吨、出口额 1 708.89 亿美元，其中，巴西、荷兰、马来西亚、印度尼西亚、意大利和韩国为主要出口国，出口量分别为 10.69 万吨、2.61 万吨、1.45 万吨、1.34 万吨和 1.23 万吨，占全球出口总量的 47.33%、15.46%、8.59%、7.94%和 7.29%。

据国际粮农组织（FAO）统计，2013 年世界甘蔗年平均生产价格为 186.14 美元/吨，生产价格排名前五位的国家分别为委内瑞拉 1 406.2 美元/吨、牙买加 602.4 美元/吨、毛里求斯 366.5 美元/吨、中国 343.8 元/吨、不丹 311.8 美元/吨。

2016 年全年原糖期货价格如图 1-3 所示，原糖期货价格波动幅度大，总体在 12~24 美分/磅区间变动。价格整体呈上升趋势，1—10 月期间，价格缓慢上涨到最高价 24 美分/磅，11—12 月有回落现象，下降到 18~20 美分/磅。

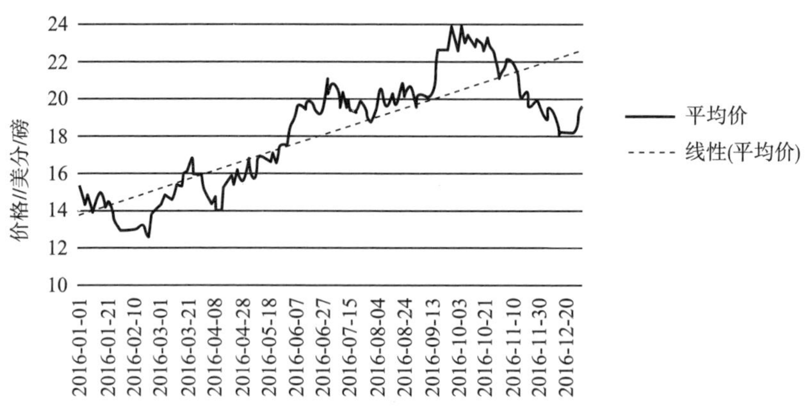

图 1-3　2016 年纽约 NYBOT 原糖期货价格走势

数据来源：卓创资讯。

1.2　国内情况

1.2.1　国内生产情况

2016 年，中国甘蔗种植面积为 2 205.38 万亩，收获面积 2 087.21 万亩，全年总产量 10 899.84 万吨，单位面积产量为 5 222.21 千克/亩，总产值 522.2 亿元。

2016—2017 榨季广西甘蔗主产区种植面积大幅下滑，其中柳州下降最严重，降幅在 40%左右；南宁周边降幅达到 29%；崇左和来宾地区种植面积亦下降 10%以上。南宁糖会公布的数据显示，2016—2017 榨季广西地区糖产量预计下降 200 万~650 万吨，下降幅度在 24%左右。种植面积下降是糖产量减少的直接原因，种植面积下降的主要原因在于近年来甘蔗收购价格持续下降。根据 2016 年 11 月调研所列的成本核算表，按广西平均亩产 4.4 吨计算，2016—2017 榨季 400 元/吨的甘蔗收购价对应的农民种植收入仅不到 300 元/亩，远不如种植桉树、香蕉、柑橘、火龙果、剑麻等作物。

1.2.2　国内市场情况

将卓创资讯可获取的数据整理后，以广西和云南的每月市场均价表示全国白糖市场价，2016 年白糖市场价每月均价如图1-4 所示。

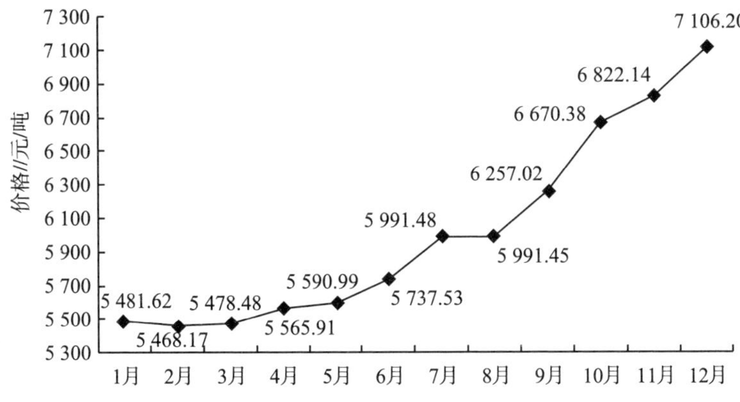

图 1-4　2016 年白糖市场价每月均价

数据来源：卓创资讯。

从图 1-4 可以看出，白糖市场价格呈现总体上涨，基本维持在 5 481. 62~7 106. 2 元/吨，1—8 月白糖市场价格上涨趋势较缓慢，从 5 481. 62 元/吨上涨到 5 991. 45 元/吨，之后至 12 月市场价格幅度上涨，从 5 991. 45 元/吨上涨到 7 106. 2 元/吨。

2016 年全国白糖出厂价每月均价如图 1-5 所示，2016 年白糖出厂

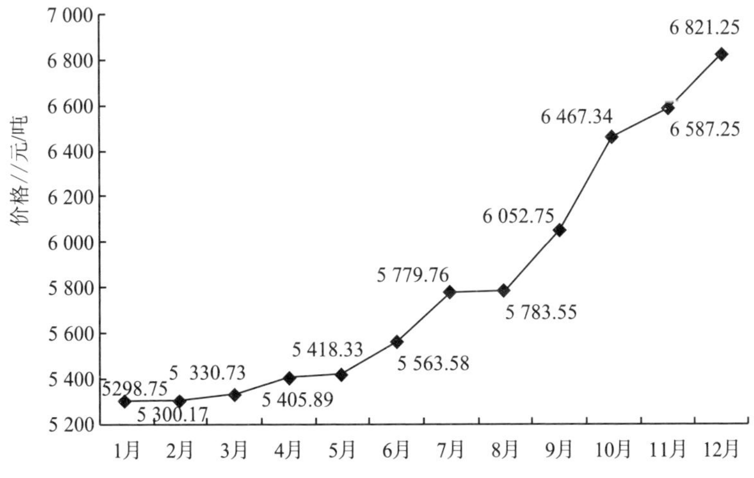

图 1-5　2016 年白糖出厂价每月均价

数据来源：卓创资讯。

价格呈现总体上涨，基本维持在 5 298. 75～6 821. 25 元/吨，1—7 月增长幅度较为缓慢，从 5 298. 75 元/吨上涨到 5 779. 75 元/吨，之后至 12 月价格大幅度上涨，从 5 783. 58 元/吨上涨到 6 821. 25 元/吨。

1. 2. 3 进出口贸易

据中国海关统计，中国进出口糖有食糖、砂糖和绵白糖，糖的进口量大于出口量，其中以食糖进口为主。

2016 年中国内地进口食糖 306. 19 万吨、进口额 11. 7 亿美元，进口量同比减少 36. 8%，主要从巴西、古巴、澳大利亚、韩国、泰国等国家进口，其中，巴西进口 198. 89 万吨、古巴进口 43. 65 万吨、澳大利亚进口 19. 73 万吨、韩国进口 19. 64 万吨、泰国进口 17. 96 万吨，分别占总进口量的 64. 96%、14. 26%、6. 44%、6. 42%和 5. 86%，2016 年中国内地主要进口食糖来源国家情况如图 1-6 所示。中国出口食糖 14. 9 万吨、出口额 8 318 万美元，出口到菲律宾、蒙古、韩国、日本和美国等国家；出口到中国香港地区。其中出口菲律宾 6. 31 万吨，出口蒙古 3. 3 万吨。

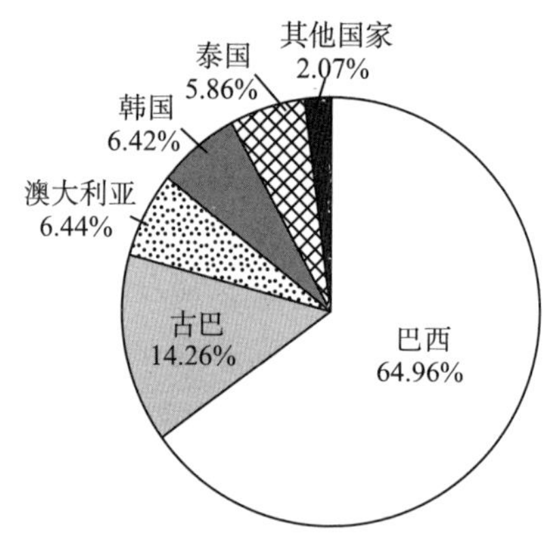

图 1-6　中国主要进口食糖来源国家情况

2016 年中国进口砂糖 38. 68 万吨、进口额 1. 95 亿美元，进口量同比减少 43. 23%，主要从韩国、泰国、危地马拉、马来西亚、巴西等国家进口，其中，韩国进口 19. 64 万吨、泰国进口 11. 79 万吨、危地马拉进口 2. 0 万吨，马来西亚 1. 55 万吨，巴西进口 1. 52 万吨，分别占总进口量的 50. 78%、30. 48%、5. 17%、4. 0%和 3. 92%，2016 年中国主要进口砂糖来源国家情况如图 1-7 所示。中国出口砂糖 5. 51 万吨、出口额 2 551. 98 万美元。

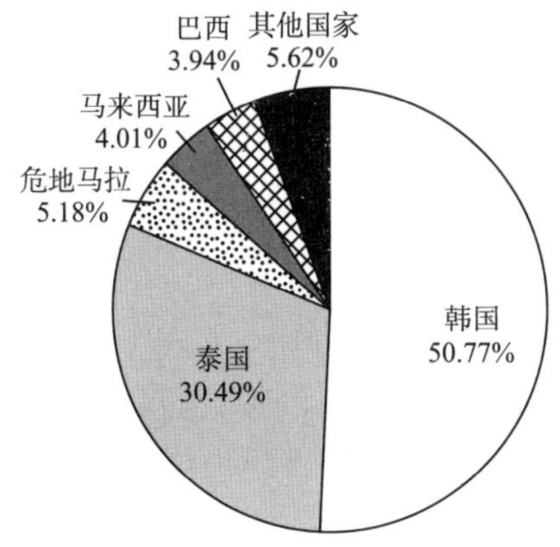

图 1-7　中国主要砂糖进口来源国家情况

2016 年中国进口绵白糖 7 300 吨、进口额 387.38 万美元，进口量同比增加 7 297.09 吨（2015 年进口量 2.91 吨），主要从泰国、马来西亚、阿联酋等国家进口；中国出口绵白糖 7 307 吨、出口额 387.95 万美元。

1.2.4　国内科技进展

云南农业大学吕爱丽等分析了甘蔗分蘖发生和生长发育对甘蔗产量的重要性，重点介绍了甘蔗分蘖表型及相关调控机制的研究进展，展望了甘蔗分蘖性状研究在甘蔗高产优良品种选育方面的应用前景；胡支向等分析了国内近几年来甘蔗中农药残留检测技术的进展，包括样品的前处理技术和农药残留定性定量检测方法，并列举一些应用实例；何耀涛等对甘蔗叶的化学成分及药理作用进行综述，为其资源开发利用提供参考依据；许汉亮等归纳了甘蔗主要害虫绿色防控关键技术研究进展，介绍了应用性诱剂或灯光进行监测，建立虫情监测网络，提出以性诱剂、赤眼蜂、杀虫灯、高效低毒杀虫剂等关键技术的协调应用，构建甘蔗害虫绿色防控技术集成模式；文明富等针对甘蔗常规育种、基因组学、转基因技术及分子标记辅助育种等研究方向进行了详细阐述；杨海霞等归纳了分子标记技术在甘蔗种质资源遗传多样性、种质资源的鉴定与分类、亲缘关系研究、指纹图谱构建、遗传图谱构建等方面应用研究进展，展望今后甘蔗种质资源的研究方向；冯璐等认为甘蔗的转基因研究主要以新型抗病虫、抗寒、抗旱和高糖以及作为生物反应器生产高附加值产品为主，同时在转基因生物的检测研究中也取得了较大的进展，但是甘蔗的转基因还是受到一些因素的限制，转化效率低、基因表达效率不高、转基因安全性研究少以及可能存在的法律和社会问题等，建立多个甘蔗主栽品种高效、快速、稳定的遗传转化体系，研究安全型系统，开展大片段基因、多基因转化，实现基因的时空控制表达等将是甘蔗转基因技术的新的发展趋势。

2 中国甘蔗产业分区域发展情况分析

2.1 各主产区甘蔗生产情况

中国甘蔗主产区主要分布在广西、广东、云南和海南。2016 年海南省种植面积 3.23 万公顷，收获面积 3.23 万公顷，分别占全国总面积的 3.13%和 2.32%，产量 204.6 万吨，占全国总产量的 1.88%，单位面积产量 63.34 吨/公顷，产值 9.17 亿元；广东省种植面积 1.4 万公顷，收获面积 16 万公顷，分别占全国总面积的 1.36%和 11.47%，产量 1 478.13 万吨，占全国总产量的 13.56%，单位面积产量 92.38 吨/公顷，产值 81.3 亿元；广西种植面积 95 万公顷，收获面积 95 万公顷，分别占全国总面积的 92.1%和 68.34%，产量 7 461.32 万吨，占全国总产量的 68.45%，单位面积产量 78.54 吨/公顷，产值 356.4 亿元；云南省种植面积 2.56 万公顷，收获面积 23.9 万公顷，分别占全国总面积的 2.48%和 17.18%，产量 1 704.8 万吨，占全国总产量的 15.64%，单位面积产量 71.33 吨/公顷，产值 83.18 亿元。各主产区面积、产量、产值数据如表 2-1 所示。

表 2-1 2016 年各甘蔗主产区面积、产量和产值数据

指标	海南	广东	广西	云南
种植面积/万公顷	3.23	1.4	95	2.56
收获面积/万公顷	3.23	16	95	23.9
产量/万吨	204.6	1 478.13	7461.32	1 704.8
单位面积产量/吨/公顷	63.34	92.38	78.54	71.33
产值/亿元	9.17	81.3	356.4	83.18

数据来源：农业部发展南亚热带作物办公室。

2.2 各主产区甘蔗市场情况

2.2.1 进出口贸易情况

据中国海关统计，中国甘蔗四大主产区进出口食糖和砂糖，且主要以广东、广西和云南为主。2016 年广东省进口食糖 65.93 万吨，进口额 2.56 亿美元，出口食糖 9.94 万吨、出口额 5 603.9 万美元；广西进口食糖 14.34 万吨、进口额 5 532.7 万美元，出口食糖 0.26 万吨、出口额 438 万美元；云南省进口食糖 8 594.93 吨、进口额 278.94 万美元，出口食糖 715.4 吨、出口额 72 万美元。2016 年广东省进口砂糖 8.5 万吨、进口额 4 091.68 万美元，出口砂糖 1.7 万吨、出口额 1113.5 万美元；广西进口砂糖 0.8 万吨、进口额 389.41 万美元，出口砂糖 0.123 万吨、出口额 105.78 万美元；云南省进口砂糖 10.23 吨、进口额 0.54 万美元。

2.2.2 市场情况

2015—2016 榨季，广西甘蔗收购价为 450 元/吨，同比上涨 12.5%；云南省甘蔗收购价为 420 元/吨，与 2014—2015 榨季收购价一致；广东省甘蔗收购价为 360 元/吨，与 2014—2015 榨季收购价一致；海南省甘蔗收购价为 447 元/吨，同比上涨了 11.75%。

2016 年广西白糖市场均价如图 2-1 所示，每月市场均价在 5 358.3～

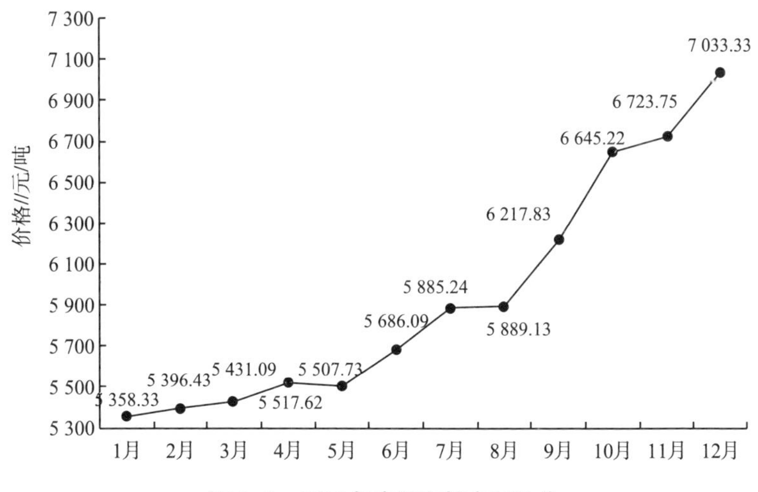

图 2-1 2016 年广西白糖市场均价

数据来源：卓创资讯。

7 033. 3 元/吨之间波动，1—8 月之间有小幅度上涨，从 5 358. 3 元/吨上涨至 5 889. 13 元/吨，涨幅达 9. 9%，8—12 月上涨幅度较大，以 19. 43%的增长率上涨到 7 033. 33 元/吨。

2016 年广西白糖出厂均价如图 2－2 所示，每月出厂均价在 5 384. 43～6 850. 77 元/吨之间波动，1—5 月之间有小幅度上涨，从 5 384. 43 元/吨上涨至 5 515. 32 元/吨，涨幅 2. 43%，5—12 月上涨幅度较大，以 24. 21%的增长率上涨到 6 850. 77 元/吨。

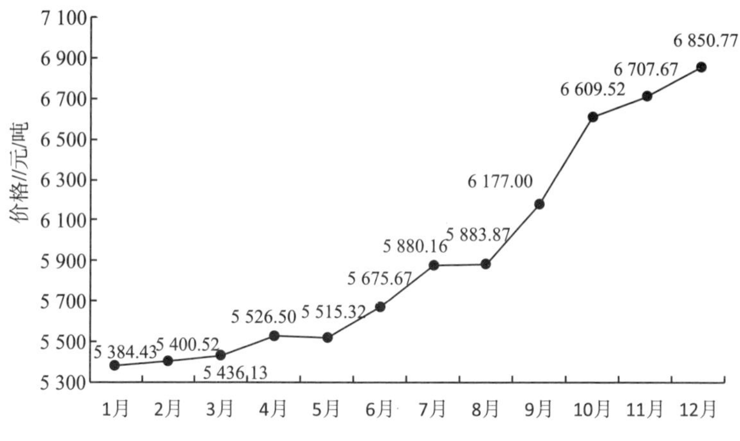

图 2－2　2016 年广西白糖出厂均价

数据来源：卓创资讯。

2016 年云南白糖市场均价如图 2－3 所示，在 5 165. 24～6 775. 93 元/吨之间波动，1—5 月市场均价在 5 165. 24～5 271. 75 元/吨之间小幅度波动，至 7 月有小幅上涨到 5 642. 86 元/吨，上涨 7. 48%，8—12 月以 20. 11%的增长率上涨到 6 775. 93 元/吨。

2016 年云南省白糖出厂均价如图 2－4 所示，每月出厂均价在 5 199. 83～6796. 92 元/吨之间波动，1—5 月市场均价在 5 199. 83～5 310. 17元/吨之间小幅度波动。5—8 月有小幅上涨到 5 683. 23 元/吨，上涨 7. 3%，8—12 月以 19. 6%的增长率上涨到 6 796. 92 元/吨。

2016 年全国白糖出厂每月均价相对 2015 年均有增长，普遍增长幅度较大，2015 年与 2016 年全国白糖出厂价每月均价对比情况如图 2－5 所示。

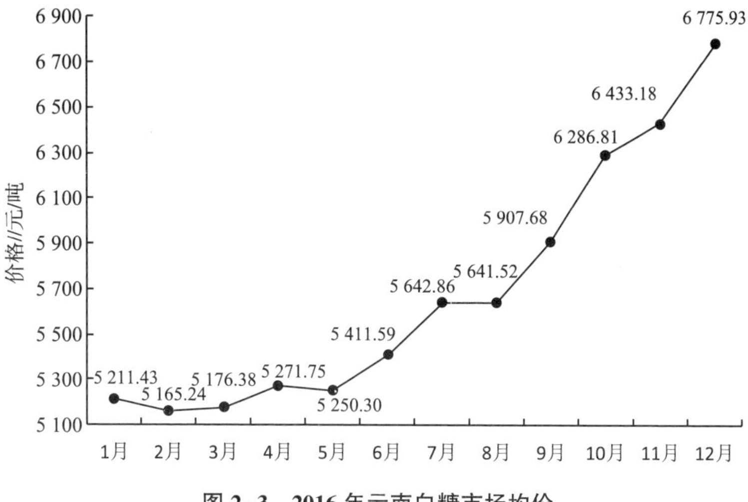

图 2-3　2016 年云南白糖市场均价

数据来源：卓创资讯。

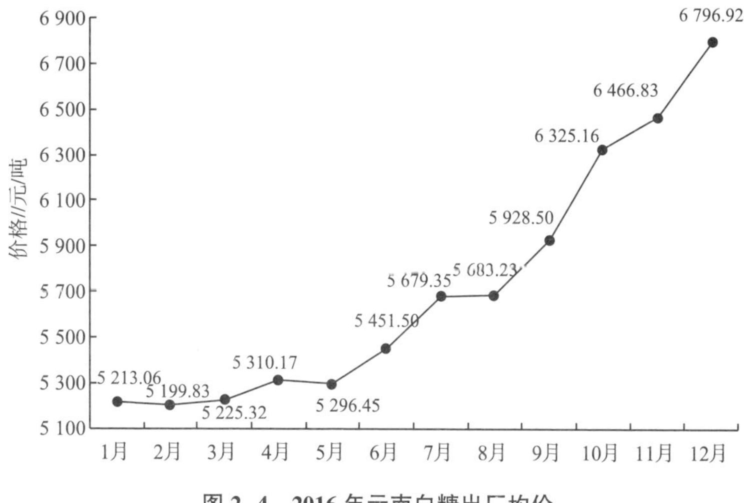

图 2-4　2016 年云南白糖出厂均价

数据来源：卓创资讯。

2.2.3　消费情况

2016 年糖消费量增至 1 540 万吨，较 2015 年小幅度增加 29 万吨，

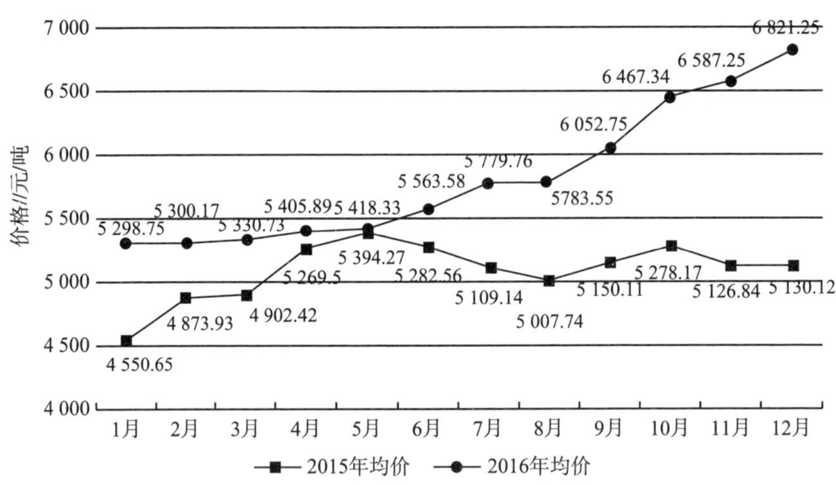

图 2-5　2015 与 2016 年全国白糖出厂价每月均价对比图

数据来源：卓创资讯。

增幅 1.92%。未来 10 年，消费量保持增长态势，2024 年将达到 1 851 万吨，较 2015 年增加 340 万吨，增长 22.5%，年均增幅 2.5%。据估算，2014 年中国人均食糖消费量已达到 11 千克/年，但仍远低于世界人均食糖年消费量 24 千克/年左右水平，同期欧美发达国家人均食糖消费量约 35 千克/年，中国是世界人均食糖消费最少的国家之一。因此，未来 10 年中国的食糖消费量仍处于明显增长阶段，是世界食糖最大潜在市场。

2.3　各主产区甘蔗加工情况

广东省 2015—2016 榨季截至 9 月底，全省累计榨蔗量 704.62 万吨，同比减少 156.65 万吨，减幅 18.19%，累计产糖量 63.09 万吨，同比减少 16.78 万吨，减幅 26.6%，出糖率为 8.95%，同比减少 0.28%。

广西 2015—2016 榨季于 5 月底结束，本榨季累计榨蔗量 4 375 万吨，同比减少 882 万吨，产糖 504 万吨，同比减少 135 万吨，出糖率 11.52%，同比下降 0.64%。

云南省 2015—2016 榨季食糖于 2016 年 12 月 10 日结束。累计入榨面积 399.06 万亩，同比减少 80.59 万亩，入榨甘蔗 1 535.42 万吨，同比减少 319. 95 万吨，产糖 191. 04 万吨，同比减少 39. 64 万吨，出糖率 12. 44%，同比提高 0. 01%。

海南省 2015—2016 榨季于 2016 年 12 月 15 日结束。2015—2016 榨季累计榨蔗量 123. 14 万吨，同比减少 100. 87 万吨，产糖 15. 09 万吨，同比减少 12. 54 万吨。

3 中国甘蔗产业 2017 年形势预测

3. 1 主要产糖国出口继续增长

未来国际食糖出口将继续保持高度集中，巴西保持其作为世界主要出口国的地位（约 40%），泰国的市场份额将会增加。此外，进口将更为多元。印度将继续大幅进口或出口，具体情况取决于食糖产量水平。

3. 2 食糖消费持续增长

全面二孩政策的实施，收入水平提高，城镇化建设加快（2020 年中国城镇化率将达到 60%），均将带动食糖消费增加，2017 年预计消费量相比 2016 年略有增长。

3. 3 全球经济复苏乏力，石油价格不断下跌，糖市回暖阻力重重

世界各国政府为了应对经济低迷推出的系列金融措施，如美联储加息、欧口央行宽松货币政策等，都会对全球未来糖价走势产生影响。此外，中东地区、朝鲜半岛等地缘政治冲突的潜在风险也增加了未来糖市的不稳定预期。

3. 4 供给短缺

各国际预测机构一致认为，2016—2017 榨季将继 2015—2016 榨季后呈第 2 年供给短缺，供给缺口为 492 万 ~ 980 万吨。ISO 预计，因欧洲、巴西及泰国产糖量预期增加，2016—2017 榨季全球糖供应短缺预期或缩窄至 380 万吨。市场目前普遍认为，2016—2017 榨季尽管巴西大概率丰产，但厄尔尼诺后遗症下的泰国、印度减产预期持续，周期转向的可能性几乎没有，供需缺口将持续。

4 中国甘蔗产业发展制约因素及对策

4.1 面临的形势及存在的主要问题

4.1.1 走私情况严峻

受境内外白糖价差的影响，食糖走私情况非常严峻。2016 年广西全年查获走私食糖达到 1 268 吨，云南省全年查获走私食糖达到 24 798.45 吨。食糖走私打破了国内食糖供求平衡，更在市场上采取低价倾销等不正当竞争手段，严重扰乱了国内糖业的市场秩序，损害了守法经营的糖企利益，尤其在当前糖业低迷时期，走私糖直接阻碍国内糖价复苏，导致行业发展环境恶化。

4.1.2 生产种植成本居高不下

目前中国甘蔗产业大都是依靠人工种植、管理和收获，机械化程度低，良种更新慢，肥料利用率低，劳动力成本高，导致中国甘蔗生产种植成本居高不下，严重制约了甘蔗产业的持续健康发展。

4.1.3 管理水平落后，基础设施差

甘蔗栽种管理技术落后，普遍按照 1 年新植 2 年宿根，在种植、田间管理等环节上缺乏相应的科技支撑，蔗农在种植及管理上均是凭经验办事，甘蔗单位面积和产量增长缓慢。甘蔗主产区主要处在气象灾害频发的桂、滇、粤、闽，水利灌排设施缺乏，抵御自然灾害的能力较弱。

4.2 中国甘蔗产业发展建议

4.2.1 降本增效提质，促进供给侧结构性调整

近年来，各行业都在进行供给侧结构性改革，甘蔗产业在中国各大主产区也在进行转型升级的调整。针对甘蔗和糖业存在的高成本、低效率、缺乏高附加值深加工产品等问题，建议抓住 3 年食糖贸易保护期重大机遇，加快良种良苗培育、测土配方施肥、机械化砍收、循环生产，提高甘蔗的单产，增加产糖率，加强管理效率。

4.2.2 鼓励农民种蔗积极性，提倡合作社等管理模式

由于受到进口糖冲击，糖价一度低于生产成本，打击农民种蔗积极性，农民弃种弃砍。在实施“双反”政策后，糖价回升，应抓紧此契机，改变原料不足的现状，增加糖厂产出，杜绝抢糖现象。过去甘蔗都是小农种植比较多，真正的合作社发展缓慢，种植技术薄弱，国家科研机构技术服务的覆盖面比较小，主要依靠当地政府和糖厂组织学习提高技术。甘蔗只有连片规范标准化种植，才能产生规模效应，达到节省成本、提高效率的目的。因此，促进甘蔗专业合作社、专业乡、专业村、专业组和互助组发展，大力推广“公司+合作社+基地+农户”等经营模式，利用好土地流转政策，打组合拳，才能改变现状。

4.2.3 推进糖厂重组，促进一二三产业融合

过去几年由于糖价低迷，部分糖厂经营不善，面临资金链断裂、原料不足等问题，中国糖厂的规模萎缩，每年开榨的糖厂都在减少。应鼓励资金情况良好、管理能力强的大型企业，对面临困境的工厂进行科学评估，兼并重组，优化资源配置，发挥特长，重新成为糖业的中坚力量。从农民种植，到加工和深加工，到销售以及金融，甘蔗和糖业是一个三产融合的典型，应加强统筹规划，提高比较收益和产业竞争力。

4.2.4 探索糖业管理机制，出台相应的管理规范

中国的糖业政策扶持不到位，政策落实缺少绩效评价。多头管理产生问题复杂，仅食糖进出口监管这个环节就有国办、发改委、商务部、海关总署、质检总局、外汇管理局、边防武警、海事局、糖协等部门。国内食糖生产贸易则涉及财政部、农业部、工信部、商务部、人民银行、工商总局、食药总局等部门。糖厂的组织和管理，各省的管理部门也不一样。近 10 年出现几次价格与产量的交替大波动，使糖业大面积巨额亏损，大批企业停摆、破产或重组。究其根源在于，中国制糖行业管理机制尚未完善，行业政策法制不健全。因此，甘蔗和糖业呼吁政策对产业的规范管理立管理条例，梳理各管理部门权责。

4.2.5 利用好金融工具，融资以及规避风险

中国的糖厂基本是国有企业，在现代化管理中利用金融手段的能力

还有待提高。在企业贷款征信方面，可以通过兼并重组改善企业的生存管理，取得良好资信。信贷方面，应利用好政策性贷款，规划企业发展和融资战略。期货方面，国内和国外的食糖期货合约，是规避价格波动风险的金融手段。中国糖业建立更加有效的食糖期货风险防范体系，加快成立期货投资基金，适时推出期货期权，做好食糖期货交易。

参考文献

曹学仁，车海彦，罗大全. 2016. 槟榔生理性黄化发生原因与防控建议［J］. 中国热带农业（69）：51-52.

陈厚彬，庄丽娟，黄旭明，等. 2014. 荔枝龙眼产业发展现状与前景［J］. 中国热带农业（4）：12-18.

陈君，韩轩，刘立云，等. 2011. 海南槟榔产业发展战略研究［J］. 安徽农业科学，39（2）：1210-1212.

陈良秋. 2007. 我国槟榔栽培与产业发展现状［J］. 现代农业科技（22）：60-64.

邓海燕. 2011. 全球天然橡胶产供需格局与形势分析［J］. 轮胎工业，31（10）：589-596.

邓秀成. 2008. 海南槟榔产业格局的成因分析及对策［J］. 热带农业科学，28（3）：47-50.

邓秀成. 2008. 海南省槟榔产业链优化研究［D］. 武汉：华中农业大学.

东方资料馆. 2013-03-21. 天然橡胶行业分析报告［R］. http：//www. csosok. cam/dfzlk/2012-05-04/902. html.

方佳，张慧坚. 2010. 国内为热带作物产业发展分析［M］. 北京：中国农业科学技术出版社.

傅国华，李隆伟，张德生. 2012. 中国—东盟天然橡胶空间产业链构建分析［J］. 经济问题探索（1）：55-60.

广东农垦“走出去”调研组. 2014-03-26. 广东农垦橡胶“走出去”的启示与思考［EB/OL］. http：//www. chinafarm. com. cn/ShowArticles. php? id=627675.

广东省农业信息监测体系. 2016.“迟到”的美味——2016 年广东荔枝生产形势与行情分析［J］. 农产品市场周刊（20）：54.

郭飞燕，纪明慧，陈光英，等. 2016. 菠萝叶中防晒成分的超声提取及其稳定性研究［J］. 化学研究与应用，28（1）：55-62.

郭又新. 2011. 20 世纪 90 年代以来越南天然橡胶产业政策探析 [J]. 东南亚研究 (3): p33-38.

郭又新. 2012. 简析柬埔寨天然橡胶业的发展 [J]. 东南亚研究 (3): 20-24.

胡慧. 2013 - 01-11. 2013 年天然橡胶供需展望 [EB/OL]. http://market. cria. org.cn/25/12353.html.

胡莉莉, 窦美安, 谢江辉, 等. 2006. 香蕉枯萎病抗病性研究进展 [J]. 广西热带农业 (1): 16-18.

黄兴国. 2014. 华坪县中心镇芒果产业发展存在的问题及对策 [J]. 现代农业科学 (24): 319.

黄战威. 2009. 广西右江河谷地区芒果产业现状及发展对策 [J]. 热带农业工程, 33 (6): 46-49.

黄卓, 覃子珍. 2012. 探析以信息化推动海南椰子产业发展 [J]. 农业网络信息 (11): 34-36.

柯佑鹏, 黄良团. 2014. 2013 年海南芒果产业损害监测预警分析报告 [J]. 分析预测, 57 (2): 36-39.

李国胜, 曹建华, 李玉萍. 2013. 中国与东盟椰子产业对比分析 [J]. 热带农业科学, 33 (8): 74-77.

李运合, 孙光明, 张红娜, 等. 2016. 菠萝生长素极性运输载体基因 AcPINs 和 AcAUXs 的分离与表达分析 [J]. 园艺学报, 43 (10): 1916-1928.

联合国粮农组织统计数据库 [DB/OL]. http://faostat. fao. org/.

刘传和, 凡超. 2016. 地膜/网纱覆盖对冬季菠萝园小环境及菠萝生长和果实品质特性的影响 [J]. 西北植物学报, 36 (1): 139-146.

刘大卫. 2011. 海南天然橡胶产业集团发展战略研究 [D]. 天津: 南开大学.

刘海清, 方佳. 2015. 海南省主要热带水果国际竞争力研究 [M]. 北京: 中国农业科学技术出版社.

刘海清, 姜文来. 2016. 海南省菠萝生产成本收益分析 [J]. 农业展望 (3): 55-58.

刘海清, 姜文来. 2016. 中国菠萝产业链优化路径探讨 [J]. 农业展望 (4): 55-58.

刘海清, 姜文来. 2016. 中国菠萝出口市场环境分析 [J]. 广东农业科学 (6): 180-186.

刘海清. 2016. 中国菠萝产业国际竞争力研究 [D]. 北京: 中国农业科学院农业区域发展与规划所.

刘锐金，莫业勇. 2012. 橡胶产业现状与展望——2012 年中国橡胶年会综述［J］. 热带农业科学（6）：76-79.

刘亚男，马海洋，张江周，等. 2016. 不同菠萝品种滴灌施肥养分吸收特性和产量品质差异［J］. 中国南方果树，45（1）：62-65.

卢琨，曹建华，李玉萍. 2015. 椰子主产国与中国椰子产业国际竞争对比探讨［J］. 北方园艺（2）：182-185.

罗大全. 2007. 海南槟榔黄化病研究现状［J］. 世界热带农业信息（6）：24-26.

马海洋，石伟琦，刘亚男，等. 2016. 不同灌溉施肥模式对菠萝产量及水肥利用效率的影响［J］. 热带作物学报，37（10）：1882-1888.

毛彧. 2011. 海南椰子种质资源经济研究［D］. 海口：海南大学.

农军. 2014 百色市芒果产业发展探析［J］. 安徽农业科学，42（2）：602-606，608.

齐文娥，陈厚彬，李伟文，等. 2016. 中国荔枝产业发展现状、趋势与建议［J］. 广东农业科学，43（6）：173-179.

全国油棕品种区域适应性试种协作网. 2014-02-07. Noture：揭示油棕全基因组序列［EB/OL］. http：//www.oilpalm.org.cn/news/html/？458.html.

谭乐和. 2006. 海南槟榔生产的现状、问题及对策［J］. 海南大学学报：自然科学版，24（1）：55-59.

铁万祝，罗关兴，王友富. 2013. 我国芒果产业发展概况与主要问题［J］. 中国热带农业（5）：16-19.

王娟，张伟，申晓锋，等. 2016. 菠萝皮中多酚的制备及其清除自由基研究［J］. 食品工业（4）：79-84.

王庆煌，孙好勤. 2011. 中国热带农业科技发展战略［M］. 北京：中国农业出版社.

王水琦，甘勇辉，梁赛英. 2007. 香蕉抗枯萎病育种研究进展［J］. 中国热带农业（1）：26-27.

王小媚，任惠，刘业强，等. 2016. 菠萝新品种-‘金香菠萝’的选育［J］. 果树学报（4）：509-512.

王修启，梁少杰，周加义，等. 2016. 菠萝蛋白酶在饲料上的研究进展及应用前景［J］. 饲料工业，37（4）：1-4.

王昱婷. 2010. 海南省香蕉产业土地流转现状与对策分析［J］. 中国热带农业（5）：19-21.

魏晓奕，杨琴，祝晓，等. 2016. 菠萝叶纤维素膜制备工艺优化［J］. 南方农业学报，47（1）：101-106.

吴伟斌，冯运琳，罗阔，等. 2016. 可调地隙采摘式菠萝运输车底盘的设计与研究［J］. 农机化研究，38（5）：132-137.

谢玲. 中国可持续棕榈油发展之路有多远［N］. 粮油市场报（2016-07-23BO2）.

谢龙莲，张慧坚，方佳. 2011. 东盟椰子产业发展概况及趋势分析［J］. 世界农业（1）：53-57.

许灿光. 2013. 浅析我国天然橡胶产业发展现状促进“走出去”可持续发展［J］. 中国热带农业（5）：9-15.

晏小霞，王祝年，王建荣. 2006. 海南槟榔产业发展现状分析［J］. 中国热带农业（3）：12-13.

杨连珍. 2007. 印度尼西亚天然橡胶产业发展分析［J］. 世界热带农业信息（4）：1-6.

杨枝林，周亚东，沙林华，等. 2013. 海南省槟榔主产区槟榔黄化病发生现状［J］. 热带林业，41（1）：49-51.

叶育才. 2007. 海南槟榔产业可持续发展思路［J］. 中国热带农业（3）：12-13.

曾宪海，张希财，邹积鑫. 2015. 中国热带北缘油棕种植生产潜力研究［M］. 北京：中国农业科学技术出版社. 124-126.

张建国，宋菲. 2016 我国椰子产业现状及发展战略分析［J］. 中国农业信息.（6）：139-141.

张鲁斌，贾志伟，谷会. 2016. 适宜 1-MCP 处理保持采后菠萝常温贮藏品质［J］. 农业工程学报（4）：290-295.

赵云龙. 2016. 我国菠萝价格波动特征及影响因素研究［D］. 大庆：黑龙江八一农垦大学.

中国情报网. 2013-09-11. 全球天然橡胶行业市场状祝分析［EB/OL］. http：//www.askci.com/ncws/201309/ 11/1116131533647.shtml.

中国热带农业信息网. 2016-05-19. 2016 年 3 月热作产品市场动态［EB/OL］. http：//www. troagri. com. cn/Articles. php？ url = VWwNYlU6WjNUawAwVT5RZA%3D%3D.

中国热带农业信息网. 2016-05-19. 2016 年 4 月热作产品市场动态［EB/OL］. http：//www. troagri. com. cn/Articles. php？ url = Vm8LZFI9BWwEO1FgUjsHNw%3D%3D.

中国热带农业信息网. 2016-06-15. 2016 年 5 月热作产品市场动态［EB/OL］.

http：//www.troagri.com.cn/Articles.php？url=UWgPYFM8VD0HOFRiAmVTYw-%3D%3D.

中国热带农业信息网. 2016-08-15. 2016年6月热作产品市场动态［EB/OL］. http：//www.troagri.com.cn/Articles.php？url=VWxbNFM8VD0IN1BlXzQFNQ%3D%3D.

中国热带农业信息网. 2016-09-12. 2016年7月热作产品市场动态［EB/OL］. http：//www.troagri.com.cn/Articles.php？url=UmtYN1U6UDkDPFBqXjVYYg%3D%3D..

中国热带农业信息网. 2016-11-04. 2016年8月热作产品市场动态［EB/OL］. http：//www.troagri.com.cn/Articles.php？url=ADkLZFU6AWgINlNhA2pZYw%3D%3D.

中华人民共和国商务部. 2012-08-31. 当前东南亚橡胶产业市场分析［EB/OL］. http：//lwww.mofcom.gov.cn/laarticle/i/jyjl/j/201209/20120908317144.html.

周文忠. 2011. 砍除黄化病树一保护海南槟榔产业［J］. 中国热带农业（4）：16-18.

朱杰. 2016. 海南槟榔产业发展现状及关键技术研究［J］. 科技经济导刊（9）：139.

Department of Statistics Malaysia. 2011. Natural Rubber Statistics 2010［R］.

Department of Statistics Malaysia. 2013. Natural Rubber Statistics 2012［R］.

John C. Long. 2011. The history of rubber-a survey of sources about the history of rubber［J］. Rubber Chemistry and Technology（8）.

Ngo Kink Luan. 2013. Natural Rubber Industry Report 2013［R］. Chemical industry.

Subramanyam K，Sailaja K V，*et al.* 2011. Highly efficient Agrobacterium-mediated transformation of banana cv. Rasthali（AAB）via sonication and vacuum infiltration［J］. Plant Cell Reports，30（3）：425-436.

The Rubber Sector. 2010. Malaysian-German Chamber of Commerce&Industry Market Watch 2010［R］.